I0814996

LA POÏÉTIQUE DE COLETTE

MICHEL GAUTHIER
Professeur à l'Université rené Descartes PARIS V.

LA POÏÉTIQUE DE COLETTE

ÉDITIONS KLINCKSIECK
11, rue de Lille - 75007 Paris
1989

AUTRE OUVRAGE DE MICHEL GAUTHIER chez KLINCKSIECK.

— Système euphonique et rythmique du vers français (1974)

ISBN 2-252-02652-9

« Au lieu de poésie pure, mieux vaudrait peut-être dire poésie absolue, et il faudrait alors l'entendre dans le sens d'une recherche des effets résultant des relations des mots, ou plutôt des relations des résonances des mots entre eux ; ce qui suggère, en somme, une exploration de tout ce domaine de la sensibilité qui est gouvernée par le langage. Cette exploration peut être faite à tâtons - c'est ainsi qu'elle est généralement pratiquée. Mais il n'est pas impossible qu'elle soit un jour systématiquement conduite. »

Paul Valéry. Poésie pure.

SOMMAIRE

INTRODUCTION

« La poétique de Colette » serait déjà un titre surprenant, s'appliquant à un auteur d'oeuvres en prose. Le lecteur pourrait s'attendre à une analyse thématique des sources d'inspiration de l'écrivain. De nombreuses études ont été écrites sur ce sujet. Le mot « poésie », d'ailleurs, aurait fort bien suffi à désigner les sources de l'inspiration de notre auteur. Mais le mot « poétique », employé comme substantif, désigne évidemment plus que les sentiments, les images, les idées, les goûts de la personne de l'écrivain. On pourrait dire cette boutade que bien des gens sont poètes tant qu'on ne leur demande pas d'écrire des vers ...

En effet, Colette, auteur de romans, même si elle n'a pas écrit en vers, manifeste, dans sa prose même, une sensibilité langagière, une finesse musicale, un sens du rythme et des équilibres des sons, du poids des syllabes (et pas seulement des mots) tels que l'on peut se demander s'il n'existe pas, même en prose, un art de jouer avec les phonèmes du langage, de les combiner entre eux, de se laisser guider par leurs accords, leurs réciprocités, comme le font, parfois, certains poètes. Si cet art « poétique » existe, peut-être faut-il lui donner cet autre nom : la poïétique, comme le propose Paul Valéry ; afin de ne pas le confondre avec la versification qui se préoccupe essentiellement des nombres : de syllabes, d'accents, de voyelles identiques, de vers, de strophes... Dans les études stylistiques, les trois domaines sont souvent confondus : les sens (syntaxe, images, tropes), les nombres (mesures, mètres, accents, césures, strophes) et l'euphonie (combinaisons harmonieuses des sons du langage entre eux).

C'est afin de délimiter clairement le domaine proprement euphonique que nous avons pris nos exemples dans les oeuvres de Colette, choisies dans l'édition de la Pléiade (plus deux titres qui n'y figurent pas). L'euphonie forme une part essentielle de la beauté des vers, et se combine avec la versification ; mais elle ne doit pas être confondue avec cette dernière, comme l'ont fait, jusqu'à présent, la plupart des poéticiens. <u>La prose de</u>

Colette nous donne des exemples d'équilibre et de beautés musicales pures, c'est-à-dire non guidées par les points fixes ou forts qu'imposent les mesures métriques dans les vers, même « libres ».

Notre souci, cependant, n'a pas été seulement de montrer l'existence de cette euphonie « pure ». Si Colette n'est pas versificatrice, elle est cependant « poète », par la qualité, l'intensité, la délicatesse avec laquelle elle perçoit le monde extérieur, par tous ses sens, et avec toute son imagination : odeurs, saveurs, bruits divers des objets, mimiques et attitudes des animaux, lumières et ombres... tout cela, qui est de l'authentique « poésie », passe dans sa prose, à certains moments privilégiés. Nous avons recueilli ces moments ; certains d'entre eux, du moins, afin de ne pas alourdir, par une liste qui se prétendrait exhaustive, l'essentiel de notre démonstration. Et nous nous sommes demandé - toujours dans une attitude « poïétique » - quels rapports il pouvait y avoir entre cette expérience (physique et psychique) et la présence des formes musicales que prend, à certains moments, la prose de Colette.

Sans engager notre conclusion, nous pensons avoir montré que des « mots-thèmes » (ceux qu'affectionne la sensibilité de l'auteur, ou qui traduisent, à cet instant, toute une charge affective) pouvaient être en même temps des « schèmes » : ceux dont les sons paraissent être à l'origine des structures sonores qui organisent la musicalité de la phrase. Mais, d'autre part, si ces structures pré-existent, de quelque manière, dans l'esprit de l'écrivain, elles chercheront à se reconstituer dans ses phrases, profitant de l'ébauche qu'offrent naturellement certains mots du langage qu'affectionne l'auteur. C'est ce sens dynamique que donnait Valéry au mot « POIETIQUE ».

Notre recherche peut-elle être classée parmi les études stylistiques ? Elle est tellement nouvelle qu'elle risque de décontenancer les actuels stylisticiens. Mais les linguistes, de leur côté, dans leur souci de ne pas aboutir à des théories « psychologisantes », préfèrent jusqu'à présent « s'en tenir à la lettre », et n'étudier que le sens produit par l'agencement des unités du langage. Chomsky, cependant, en évoquant ses « structures profondes », n'était pas traité de psychologue. Ni Jakobson, à propos de ses « structures subliminales ». Ce que nous avons essayé de montrer, c'est qu'il existe des structures subliminales du langage, que ces structures organisent les phrases, les images, les mots mêmes de l'écrivain, et le font, musicalement et sémantiquement, « poète », en prose comme en vers.

Notre travail parcourt les étapes suivantes :
En reconsidérant les concepts de langue, de style et de stylistique, nous distinguons précisément une certaine stylistique, qui dégage et souligne les intentions conscientes de l'auteur. Nous préfèrerions appeler « style » et

« étude du style » cette recherche d'une vérité intérieure. Cependant la science n'a pas pour objet les états d'âme, mais les généralités. Nous réservons le terme de stylistique aux analyses qui portent sur l'oeuvre d'un auteur en tant qu'objet du langage.

Quelques réflexions sur l'allitération en dégagent, précisément, le mécanisme : d'une part, on ne peut affirmer que l'auteur l'ait toujours cherchée, ni même qu'il l'ait perçue au moment même où il l'écrivait ; d'autre part, un seul son, et différent selon les mots, peut se trouver chargé de plusieurs potentiels affectifs que distinguent les stylisticiens.

Le phénomène de la paronomase retient surtout notre attention. Cette figure associe deux sens qui diffèrent normalement parce que deux mots qui les présentent ont en commun deux phonèmes, voire plus. La paronomase, aux yeux du linguiste, n'est plus une figure aussi simple que la présentent les traités de stylistique. Une analyse fine découvre l'autonomie esthétique des phonèmes qui la composent : ils ne sont plus gouvernés par le seul sens, ils enjambent les limites lexicales, et obéissent à des microstructures semblables à celles qui organisent symétriquement la métrique et la versification.

Ces lois profondes, comme les règles qui gouvernent la langue, échappent à la première production du créateur, lequel n'en prend conscience stylistiquement que grâce à l'écrit. Cependant, la langue présente aussi une face extérieure, qui est la parole. Aussi, sur quelques points de détail, nous avons tenté de montrer, dans une analyse de la prononciation de Colette, l'affleurement phonétique des microstructures euphoniques profondes.

Restait à réévaluer les conséquences stylistiques de l'existence des structures euphoniques. Car l'écrivain, plus encore que certains poètes, est porté par une intention d'expression, de communication d'une expérience personnelle, référentielle. La nouvelle stylistique, qui étudie la rencontre des sources conscientes d'inspiration (archithèmes, thèmes) et des structures esthétiques profondes du langage (schèmes, paradigmes morphosémantiques), ne peut donc pas être normative : le critique peut, tout au plus, faire constater la présence ou l'absence de l'un ou l'autre de ces éléments (sémantique ou esthétique) dans la productivité poétique.

Il faut donc distinguer la « poétique » (construction du sentiment poétique dans l'esprit du récepteur à partir de l'oeuvre achevée) de la « poïétique » (description des lois phonosémantiques qui aboutissent à l'oeuvre poétique). Nous pensons avoir montré, dans l'étude d'un bref « poème » en prose (extrait abandonné de Colette) que la poïétique parcourt facilement toute l'échelle stylistique, de l'expérience personnelle aux thèmes d'inspiration, et des structures euphoniques aux images poétiques.

Nous avons placé, en fin d'ouvrage, un glossaire avec les renvois aux pages où sont illustrées ces définitions. Pour le vocabulaire spécifique de l'euphonie, nous renvoyons le lecteur à notre précédent ouvrage « Système euphonique et rythmique du vers français » avec des appels de notes en bas des pages concernées.

LANGUE, STYLE, STYLISTIQUE

Il n'est pas rare de lire, sous la plume des critiques et des commentateurs des oeuvres de Colette, des réflexions comme celle-ci : (Ces textes)[1] « sont parmi les plus beaux poèmes en prose de notre langue ». Cette expression « poèmes en prose » a, certes, une vertu : celle d'exclure, comme l'apprit, un jour, Monsieur Jourdain, la forme versifiée. Elle suggère, de plus, et avec raison, que la part la plus importante de ce que l'on nomme la « poésie » réside dans les effets de sens des phrases et des mots sur l'esprit du lecteur.

Et même, il est prudent de distinguer entre les lecteurs. S'agissant de Colette, tel trouvera « poétique » une phrase comme celle-ci : « Elle se retourne sur moi, son chignon en casque la coiffe d'une flamme tordue » (« *Claudine s'en va* ». Pléiade I, p.622). Il s'agit de Marthe, la belle-soeur de l'héroïne, qui, l'instant d'avant, avait vaporisé « sa chevelure d'un rouge-rose ». L'image de la flamme désignant les longs cheveux d'une femme rousse se trouve déjà chez Mallarmé :

> ***La chevelure vol d'une flamme*** *à l'extrême*
> *Occident de désirs pour la tout déployer*
> *Se pose (je dirais mourir un diadème)*
> *Vers le front couronné son ancien foyer.*
>
> MALLARME. « La chevelure » (Pl.53)

1. Album « Colette », Pléiade p.116 (A propos des « Vrilles de la vigne »)

La convergence est curieuse. On pourrait, certes, supposer un imaginaire collectif, inconscient à la manière de Young[1], ou délibéré suivant les travaux de Bachelard[2]. Dans un cas comme dans l'autre, cet imaginaire ne serait pas le fait du seul écrivain ; celui-ci, bien au contraire, manifesterait comme un épiphénomène une image qui aurait été courante pendant toute la période que recouvrent les vies de ces deux auteurs. Le fait que l'on place cette image (collective ou individuelle) dans des alexandrins, et l'autre dans un récit en prose, ne change donc rien au problème. Et il y a peu de chances pour que l'écrivain le plus récent ait fait, consciemment et volontairement, allusion au précédent.

La convergence ne s'arrête d'ailleurs pas là. Cette même chevelure, une fois enroulée et formant un chignon au centre du bandeau, faisait penser, semble-t-il, au casque des soldats prussiens. Mallarmé l'évoque dans un autre sonnet :

...
...
Excepté qu'un trésor présomptueux de tête
Verse son caressé nonchaloir sans flambeau,

La tienne si toujours le délice ! La tienne
Oui seule qui du ciel évanoui retienne
Un peu de puéril triomphe en t'en coiffant

Avec clarté quand sur les coussins tu la poses
***Comme un casque guerrier** d'impératrice enfant*
Dont pour te figurer il tomberait des roses.

MALLARME. « Plusieurs sonnets, III » (Pl.68)

Colette est née au lendemain de la guerre de 70, en 1873. Treize ans plus tard, à St Sauveur, elle regarde avec jalousie une petite compagne qui « entre en apprentissage », habillée comme une femme[3],« et ses bondissants cheveux, disciplinés, tordus en « huit », **casquaient** étroitement la forme

1. Les oeuvres littéraires donnent de nombreux exemples de convergences psychologiques et de réciprocité des images que produisent ces associations. Victor Hugo compare l'artillerie de Waterloo au grondement de l'orage :

« cuirassiers, canonniers qui traînaient des tonnerres »
(Les Châtiments XIII,II. Pléiade, Oeuvres poétiques,II,p.138)

De son côté, Colette évoque ainsi la fin d'une nuit de tempête :

« L'orage s'éloigne, s'amortit en artillerie lointaine... »
(« L'Ingénue libertine ». Pl.I,701)

2. Bachelard. « L'eau et les rêves ». « L'air et les songes ». « La terre et les rêveries de la volonté ». « La poétique de l'espace ». (Corti)

3. *« Elle avait troqué son sarrau noir, sa courte robe de petite fille, contre une jupe longue, contre un corsage de satinette rose à plis plats. »* (« La Maison de Claudine ».Pl.II, p.1025).

charmante et nouvelle d'une tête ronde »[1]. Ce verbe, qu'emploie ici Colette, reprend une expression qui semble avoir été courante et qu'elle réemploie à la fin du même texte : « Une femme mûre, bien coiffée, les cheveux en casque à la mode d'autrefois... »[2].

Un fait de langue, (par exemple, chez Colette, une expression poyaudine) devient un fait de style lorsque l'auteur, sachant que l'expression sera insolite dans la culture de ses futurs lecteurs, l'emploie, au lieu de lui substituer un synonyme approximatif qui n'aurait pas sa saveur[3]. On voit que, dans l'analyse stylistique, le lecteur postérieur n'est pas le mieux placé pour apprécier, après coup, d'une part l'originalité d'une expression employée par un auteur, et, par ailleurs, le degré de conscience et d'intention (de coquetterie) qu'il met à l'employer : cette volonté consciente caractérisant, à nos yeux, la recherche de style.

Aussi distinguerons-nous le style -choix intentionnel décidé par un auteur pour produire un effet sur les lecteurs probables et contemporains- de la stylistique. Cette dernière réunit toutes les remarques et toutes les interprétations que les critiques ont, certes, le droit de faire à propos de l'auteur et de ses écrits, sans que ces analyses (sans cesser pour autant d'être « vraies »), n'exigent que l'auteur en ait été conscient ou en partage (ou ait été susceptible d'en partager) les conclusions.

Il nous faut prendre garde, par exemple, que la référence statistique peut être trompeuse. Colette multiplie la concordance des temps et emploie le plus couramment le subjonctif imparfait, à tel titre que cet usage apparaît bien comme la norme, chez elle. Comment, si l'on s'enferme dans les seuls écrits de cet auteur, distinguer les faits de langue des faits de style ? Même dans les dialogues, ses personnages respectent le plus souvent cette règle de

---

1. Ibid. Cf infra : *« Oui, elle peut, et même elle doit, à treize ans,porter chignon. »*
Cf infra, p.1039 : *« Nous avions treize, quatorze ans, l'âge du chignon prématuré... »*
2. Il s'agit de la même petite fille, vingt cinq ans plus tard... Déjà, dans « Claudine à l'école », Colette précise, avec des guillemets cette fois,*« coiffée « en casque » avec un soin méticuleux, la coque très en avant, presque sur le front... »*. (Pl.I,49). On y apprend que ces cheveux, une fois tordus, sont retenus sur le sommet de la tête avec des épingles (Pl.I,103), ou avec un peigne (Pl.I,790).
Cf également Pl.I, pp 672, 723, 736, 738, 766, 1034, 1035, 1133, 1134.
Cette coiffure est tellement connotée comme belliqueuse que sa seule évocation communique au personnage qui la porte un caractère agressif : *« Je vois de loin... son chignon roux, qui interroge l'horizon d'un air de menace et de défi. Je crois comprendre, au hochement de son petit front guerrier, qu'elle murmure... »* (Pl.I,1045). Et plus loin (1046) : *« Flore pauvre et dure... flore qui sied à notre petite hôtesse batailleuse, ce beau chardon roux... »*.
3. Dans « Claudine en ménage », l'héroïne répond avec son accent bourguignon à un romancier célèbre qui lui faisait la cour dans un salon mondain : *« Puis je conclus brusquement, avec une exagération d'accent du Fresnois faite pour le déconcerter : -Ah dame oui, les blés sortiront de bonne heure, et aussi les avouènes ! »* (Pl.I,449)

concordance[1]. On remarque cependant, soit une hésitation dans cet emploi, et que Colette transcrit par des points de suspension :

> *« Je voudrais bien que vous me présent...assiez à votre père, ma cousine. »*
> (« Claudine à Paris », Pl.I,272).

soit, mais plus rares, des exemples de non concordance :

> *« - Ne riez pas ! Je voudrais que vous me compreniez. »*
> (« La retraite sentimentale », Pl.I, 844).

> *« Ma mère se débattit, secouant la tête comme si je voulais la mettre en laisse. »*
> (« La maison de Claudine », Pl.II,1055).

ou bien la première proposition est à l'indicatif, et la suivante, qui lui est coordonnée, mais introduite par la relatif, est au subjonctif :

> *« Si j'étais homme et que je me connusse à fond... »*
> (« La retraite sentimentale », Pl.I,882).

En plus de la référence statistique, et même après avoir distingué les passages où Colette rapporte, de sa plume, une conversation, de ceux dont elle retrouvait directement le ton et le style[2], le lecteur sent bien qu'il faudrait analyser l'évolution dans le temps de la langue de notre auteur[3].

Nous opposerons à nouveau la stylistique au style dans des exemples plus formels encore de « poésie » en prose. Ainsi, qui empêchera un lecteur, sensible à tel ou tel passage de « La retraite sentimentale », d'entendre, par endroits, mêlés à cette prose, des alexandrins ?

> *(« Sarah Bernhardt n'avait pas encore civilisé la Pointe des Poulains, nivelé son sable impalpable et fuyant)...*
> *DONT L'ONDE FROIDE ET SECHE GLISSE ENTRE LES DOIGTS...*
> ......
> *JE SUCCOMBAIS ENDORMIE AU CREUX D'UN ROCHER*
> *SUR LE SABLE STRIE QUI POUDRAIT MES CHEVEUX...*

---

1. *« Nous n'avions aucune idée que la police intérieure fût aussi sévère ».* (« Mitsou ». Pl.II,654) *« Père, il fallait bien que je servisse le thé ».* (« Claudine à Paris ». Pl.I,270). *« Tu voudrais bien qu'on la mît ailleurs que sur le palier, maman ? »* (« La maison de Claudine ». Pl.II,1055).
2. Par exemple, dans « Claudine à Paris », les conversations avec Luce ou avec Mélie. (Pl.I,330)
3. La fréquence d'emploi de la concordance à l'imparfait des subjonctifs est sensiblement la même dans les écrits postérieurs à 1942. Par exemple, dans « L'Etoile Vesper »

L'OCEAN LECHAIT LES FUSEAUX BRUNS DE MES JAMBES,
POLISSAIT LES ONGLES DE MES PIEDS TOUJOURS NUS...
(sans me blaser, je suivais les vagues d'un vert bleu, éclatant et dur)...
LE DEPART DES BARQUES A LA VOILE INCLINEE
(comme une aile rose de corail, turquoise malade, dont la teinte rendait plus étincelante et plus fausse la nuance des vagues »).

(« La retraite sentimentale », Pl.I,924).

Bien sûr, sur ces six « alexandrins », deux seulement (ce qui fait une bonne proportion) ont une coupe à la sixième syllabe : il n'en reste pas moins que « l'oreille » du lecteur, selon sa culture[1], entendra des formes sonores là où un autre n'aura rien remarqué.

La culture étant l'ensemble des expériences qui permettent (et freinent) l'appréhension d'un phénomène inhabituel, personne ne peut interdire à un lecteur de cette phrase de « L'ingénue libertine » (Pl.I,700) :

« Minne sait que ce n'est pas fini, elle attend, aveuglée par

LES LAMES DE FEU BLEU QUI FENDENT LES VOLETS »[2],

d'entendre en écho ce vers de Valéry :

« La vieille aux doigts de feu qui fendent les volets. »
Paul VALERY. « Anne », v.46 (Pl.1957, Oeuvres I,91)

Il n'est pas nécessaire de se demander si, consciemment ou non, un écrivain a pu avoir des réminiscences des phrases de l'autre[3] ; il suffit que la convergence des expériences des objets qui ont entouré ces auteurs ait levé dans leur esprit des associations communes : volets fendus, lumière entrant de l'extérieur par ces fentes horizontales...

---

1. Cet aspect culturel, c'est-à-dire d'accoutumance, est, en stylistique, fondamental. La « gamme » chinoise peut être très mal appréciée par un occidental ; et, même en Occident, un amateur de Mozart ou de Wagner peut refuser d'entendre du Xenakis. Cette culture oriente à l'avance, comme une « préperception » (un gestaltisme) les découvertes du chercheur et la sensibilité esthétique. Une autre suite de quatre alexandrins peut être perçue dans cette évocation du chant du rossignol...à condition de couper, parfois violemment, certains syntagmes de leur connexion logique : *« Il recommence et recommence sa gamme chromatique imparfaite, l'interrompt par une sorte de rire enroué, mais*

déjà dans quelques notes tinte le cristal
d'une nuit de mai, et si je ferme les yeux,
j'appelle malgré moi, sous ce chant, le parfum
qui descend lourdement des acacias en fleur... »

(« La maison de Claudine ». Pl.II,1066)

2. Nous coupons, bien entendu, arbitrairement la phrase douze syllabes avant le point final.
3. En l'occurrence, la strophe 12 du poème de Valéry n'apparaît pas avant l'année 1926, alors que « L'Ingénue libertine » est antérieure de vingt ans.

LE BONHEUR DU VERBE

Dans « L'Etoile vesper », vers la fin de sa vie, Colette, réfléchissant sur ses pratiques d'écrivain, distingue bien deux aspects dans le plaisir d'écrire : ce que l'on pourrait appeler « la saveur » des mots, et le bonheur de l'image :

> *« Un esprit fatigué continue au fond de moi sa recherche de gourmet, veut un mot meilleur, et meilleur que meilleur. Heureusement, l'idée est moins exigeante, et bonne fille, pourvu qu'on l'habille bien. Elle est accoutumée à attendre, mi-endormie, sa pâture fraîche de verbe. »*

Nous analyserons plus tard cette gustation -orale et sonore- des mots de la « langue ». L'esprit, lui, est séduit, de son côté, par des rapprochements, des ressemblances, qui produisent ces images dont se repaît la stylistique. Dans les deux phrases précédentes, Colette compare l'idée successivement à une femme, dont les mots sont les vêtements, puis à un ruminant, qui se nourrit du langage que lui fournit l'écrivain. Valéry, très cruellement, jugeait que l'esprit est comme un oiseau qui vole de branche en branche. (« *Tel Quel* », suite. Pl.1960, Oeuvres II,769). Fort heureusement, il transporte le souvenir qu'il conserve des premières expériences qu'il a faites et le compare avec le nouveau domaine qu'il découvre, et, naturellement, il trouve des points de ressemblance. Il lui suffit de ne pas s'arrêter, de ne pas se fixer, et, aussitôt, il « s'envole » vers des objets qui lui rappellent une expérience passée. Ainsi, la nécessité d'appuyer la main sur le dernier doigt pour écrire évoque à Colette le kangourou qui se déplace en s'appuyant sur sa queue. (« *L'étoile vesper* », Guilde du Livre, Lausanne 1955, p.220). Ailleurs, c'est à partir de la forme écrite d'un mot que son esprit s'évade vers un autre domaine de son expérience, naturelle d'abord, puis littéraire :

> *« Par exemple, s'il m'arrivait de buter sur le mot « murmure », et de chercher la suite de ma phrase, c'était le moment, sous chacun de mes jambages égaux, d'ajouter une petite patte de chenille, une de ces petites pattes ventouses qui se collent si tenaces à une branche. A une extrémité du mot, je figurais la tête, un peu chevaline, de la chenille, à l'autre bout la queue terminale, appendice ravissant souvent formé de brins soyeux,*

comme de verre filé. En place du mot murmure, j'avais le signe chenille, beaucoup plus joli. Et je rêvais d'Alphonse Allais qui, trouvant à la campagne une de ces brunes chenilles, opulentes, en poil de velours, s'étonnait : « Tiens, un ours. Mais qu'il est petit, mon Dieu, qu'il est petit ! »

(« L'étoile vesper », p.182).

Ce que nous disions à propos de la coiffure en casque, image qui peut sembler originale quand on la découvre, et qui n'est plus qu'un fait de langue de l'époque quand on dispose d'une information plus ouverte, peut interférer, cependant, avec l'originalité de l'expression personnelle de l'auteur.

Lorsque Colette, âgée, se demande si elle va abandonner, en partie du moins, le métier et le goût d'écrire pour se consacrer, en alternance, à des travaux de tapisserie, son esprit lui offre l'image de son expérience passée, de deux chevaux attelés à une diligence, qui trottent sur un rythme, alternativement en phase, ou déphasé :

« Sur une route sonore s'accorde, puis se désaccorde pour s'accorder encore, le trot de deux chevaux attelés en paire. Guidées par la même main, plume et aiguille, habitude du travail et sage envie d'y mettre fin lient amitié, se séparent, se réconcilient... »

(« L'étoile vesper », ibid,p.221).

Toute « image » ne comporte pas que des ressemblances. Nous avons noté, tout à l'heure, la disparité des images successives de la jeune fille et de l'herbivore. Parfois ce désaccord porte un nom stylistique : on remarquera la « métonymie » qui prête à la route la sonorité de l'attelage qui l'emprunte.

Mais la stylistique reste muette devant la synthèse psychologique qui réunit deux travaux manuels, successifs et silencieux, dans une image de rythme sonore. A cette image, qui rapproche deux expériences, celle du passé et celle de l'avenir, Colette, spontanément, *ajoute* un plaisir de répétition du même verbe et de son composé, (s'accorde, se désaccorde) ainsi que de la même syllabe (OR) dans un adjectif et dans un adverbe (« sonore »,« encore »). Dans l'esprit du lecteur qui additionne ces deux expériences -celle d'un sens communiqué par les signifiés des mots, et celle du retour de certains de leurs phonèmes- tend à se produire une fusion, et une confusion, entre ces sens, premiers reçus, et ces sons, secondairement perçus.

C'est ce que Pierre Guiraud appelait la rétrosignification[1] : en percevant une répétition phonique, le lecteur croit qu'une seule syllabe, voire un seul phonème (c'est le cas de l'allitération) peut se charger de l'ensemble des valeurs que l'expérience humaine a concentré sur la forme langagière plus complète (mots : lexèmes, synthèmes[2]).

1. Pierre Guiraud : « Les fonctions secondaires du langage », in « Le langage », sous la direction de André Martinet. Encyclopédie de la Pléiade, 1968, p.475

2. Le terme : « synthème » caractérise un groupe de signes minimums appelés par A. Martinet « monèmes » : (p. 71, note 1). Chaque monème du synthème présente donc un signifiant et un signifié. Le lexème est indécomposable en signifiants ; mais son signifié est analysable en unités premières de sens appelées « sèmes ».(cf. p. 66, note 3 et p. 25, note 2).

L'ALLITERATION

« De givre, tu entends ? de givre !... Quand je répète ce mot scintillant, il me semble que je mords dans une pelote de neige crissante, une belle pomme d'hiver façonnée par mes mains... »

(« Le voyage égoïste ».J'ai chaud. Pl.II,1099).

Cette phrase de Colette illustre parfaitement ce que nous appellerions l'« allitération globale ». Il faut beaucoup de volonté au lecteur pour suivre la romancière dans ses rêvries sur ce mot : le i, certes, a aussi été utilisé par Mallarmé pour s'associer au froid et à la glace[1]. Mais il pourrait être dangereux de vouloir donner à chacun des phonèmes de ce mot (isolés ou groupés : j-i-vr) les valeurs sémantiques[2] que l'écrivain détaille : l'ensemble de ces impressions -ou, plutôt, l'ensemble de ses souvenirs que Colette projette sur le groupe des sons qui forment ce mot d'une syllabe.

Par définition, toute allitération est fausse. Selon les cultures, selon les écrivains, on s'aperçoit qu'il s'agit toujours d'un phénomène rétroactif[3] qui projette sur l'un des sons d'un mot l'essentiel de l'apport sémantique de ce mot. Nous avons déjà remarqué qu'un même auteur, à plusieurs années d'intervalle, attribuait à la même consonne les valeurs opposées de chaleur et de froid :

«..les mots feu, fin, flammes, riaient à son imagination avec leurs f qui soufflaient l'incendie et sa fumée. »

(« Duo ». La Guilde du livre. Lausanne. 1955, p.132).

---

1. Mallarmé. Pléiade, p. 67. Plusieurs sonnets, II - « Le vierge, le vivace... ».
2. Rondeur : *« pelote »*, *« pomme »* ; froid : *« neige »*, *« hiver »* ; blancheur : *« neige »* ; tact : *« façonné par mes mains »*, *« crissante »* ; saveur : *« je mords »*, *« belle pomme »*. Ces unités de sens, ou « sèmes », composent le signifié du « lexème » GIVRE.
3. Cf page 16, note 1.

« ...il fait froid. Ces deux f, vous les lisez dans la double bouffée d'haleine qui sort des bouches. Ce sont deux mots qui se voient de loin. Fait Froid. »[1]

(« Paris de ma fenêtre »).

Quand on analyse phonétiquement les allitérations, on s'aperçoit que les définitions sont extrêmement variées, et donc floues : consonnes initiales de mots pour les uns, consonnes explosives (initiales de syllabes) pour les autres, sous l'accent, ou atones, finales de syllabes (implosives), ou n'offrant qu'un trait phonétique commun, comme la bilabialité (b,p,m) pour d'autres encore.

L'exemple ci-dessus de Colette, que nous appelons allitération globale, manifeste plutôt le mécanisme psychique général : pour des raisons affectives, culturelles, personnelles, un écrivain éprouve le besoin de concrétiser, de projeter sur l'ensemble du mot (et de ses phonèmes) toute la sensibilité que le sens de celui-ci éveille en son souvenir : ce sens ne lui suffit pas, il lui faut matérialiser son rêve, comme un pèlerin achète une médaille qu'il rapporte de son pèlerinage.

Vers la fin de sa vie, dans « l'Etoile vesper », Colette évoque la personnalité, qu'elle juge féline, d'un ami prénommé Philippe. Voici comment la même consonne F, dont nous venons de noter qu'elle avait servi à accompagner des suggestions de températures contraires, s'est trouvée chargée de porter, dans un autre contexte, pour un esprit orienté vers l'existence ou l'image d'un chat, l'évocation du souffle de cet animal en colère :

« Philippe Berthelot, le Seigneur Chat, griffe à petits traits le papier, égratigne la « bêtise » de Renan, et signe de l'empreinte, dessinée, d'une patte féminine. Et quelle formule de salutation en bas d'un de ses billets ! « Un petit coup de langue râpeuse, un ronronnement en se retournant sur le cuir du siège administratif. Ph. » Jusqu'à ce « Ph » qui, lui aussi, parle chat... »

(« L'Etoile Vesper » Guilde du livre. Lausanne 1955, p.184).

Mais la même consonne « F » (pour n'étudier que celle-là) se prêtera ailleurs, dans l'imagination de Colette (ou du lecteur ?), à accompagner l'évocation d'une odeur. Or, ce ne sont pas les phonèmes du mot « odeur » qui vont servir à compléter cette évocation, mais le F, présent dans d'autres mots qu'offre et multiplie le texte :

---

1. Cf notre « Système euphonique et rythmique du vers français ». (Klincksieck 1974, p.18).

> *« Le noyer énorme porte mille et mille noix pleines. Et rien qu'à respirer l'odeur funèbre et forte d'une de ses feuilles froissées, mes yeux se ferment. »* (« Claudine en ménage ». Pl.I,511).

On pourra supposer l'existence, implicite dans l'esprit de l'auteur, du mot « parfum », mot que Colette aurait rejeté pour des raisons de convenances stylistiques, mais dans lequel la consonne « F » se serait ainsi manifestée et chargée de valeur olfactive. Nous reprendrons ultérieurement cette hypothèse morphosémantique. Mais ailleurs l'allitération initiale apparaît comme un jeu pur sous la plume de Colette :

> *»...La fougue flemmarde et fataliste qui me guide m'a soufflé ce conseil... »*
>
> (« Claudine en ménage ». Pl.I,469).
>
> *« ...cherche en vain un vigoureux violet velouté... »*
>
> (« Printemps de la Riviera », Les vrilles de la vigne (appendice).Pl.I,1060).

Il n'est pas intéressant, et ce n'est pas ici le cadre, de réécrire (à contre-courant) la trompeuse seconde partie de la thèse de Maurice Grammont ; restons-en aux précautions sur lesquelles l'auteur (et ses lecteurs) n'ont peut-être pas assez souvent insisté :

> *« En somme, tous les sons du langage, voyelles ou consonnes, peuvent prendre une valeur expressive lorsque le sens du mot dans lequel ils se trouvent s'y prête ; si le sens n'est pas susceptible de les mettre en valeur, ils restent inexpressifs. »*
>
> (« Le vers français, ses moyens d'expression, son harmonie ». Paris Delagrave, 1937,p.206).

Certes, le phonéticien de Montpellier a tenté, tant bien que mal, d'unifier la variété des interprétations que pouvaient « suggérer » la répétition, le réemploi insistant d'un même phonème à occurrences rapprochées dans le même texte ; mais cette réflexion liminaire manifeste bien l'indépendance des sons par rapport aux sens. Non seulement, comme nous venons de voir, le même phonème fait partie de mots porteurs de sens très variés et différents, (ou inversement, des images ou des idées comparables se fixeront sur des phonèmes différents d'un texte à un autre), mais, tout simplement, on peut constater des occurrences multiples et sensibles du même phonème...sans que le lecteur puisse les créditer d'un sens bien particulier.

Ainsi, on peut choisir, dans l'oeuvre de Colette, les occurrences d'un mot dont on peut penser que certains sons qui le constituent forment allitération grâce à la présence de phonèmes identiques dans les mots environnants. Par exemple, le verbe « tinter » et son substantif « le tintement » :

```
"Chéri perçut un lointain tintement de porcelaine dans l'office".
          T        T   T  T
          in    in in   in
```

(« Chéri », Pl.II,818).

Mais, plutôt que d'allitération, n'y aurait-il pas lieu de parler de cacophonie ?

```
"Une femme, qu'il n'avait pas vue, disparut, emportant un plateau tintant".
                                             T  T      T  T T
                                             an in     o  in an
```

(« Le blé en herbe ». Pl.II,1213).

« Elle entra, un petit plateau tintant sur sa main ouverte ».

```
               T   T  T T
               i   o  in in
```

(« Duo ». Guilde du livre, Lausanne 1955,p.90).

Cet ensemble d'exemples confirmerait, s'il était nécessaire, l'intuition du critique Becq de Fouquières qui notait :

> *« On peut souvent constater que le mot générateur de l'idée devient, au moyen de ses éléments phoniques, le générateur sonore du vers et soumet tous les mots secondaires qui l'accompagnent à une sorte de vassalité tonique. »*

(Traité général de versification française ». Paris, G. Charpentier, 1879, p. 220).

Nous voyons, soit dit en passant, que le phénomène ne se produit pas seulement dans le cadre des vers. Complémentairement, l'idée ou l'image seule -ici, une image acoustique- ne suffit pas ; et, sans le mot qui sert de détonateur ou de noyau[1], on ne constate pas d'allitération :

« Et le col de la carafe grelotta contre le bord du verre ».

(« Duo ». Guilde du livre, Lausanne 1955,p.164)

Toutes ces phrases évoquent la même expérience acoustique. La dernière, cependant, sur le plan stylistique, est d'une écriture « directe » : il s'agit bien des chocs de la carafe contre le verre, explicitement désignés. Dans les exemples antérieurs, dans lesquels le T du mot « plateau » servait d'écho au verbe (ou au substantif) « tintant », « tintement », nous avions une métonymie, puisque le bruit évoqué provient des récipients posés sur le plateau, et non du plateau lui-même.

---

1. Maurice Grammont : « Le vers français, ses moyens d'expression, son harmonie », en particulier p.289, où le même verbe est le centre d'autres exemples.

Notre perspective n'est plus celle de Grammont. Le phonéticien se préoccupait de l'interprétation, par le lecteur, du « sens » des occurrences multiples qu'il remarquait dans les vers étudiés.

Nous pensons pouvoir constater, chez l'écrivain, la présence de deux phénomènes psychologiques : l'un, de caractère affectif et imaginaire, qui porte sur les sens communiqués, sur les descriptions et suggestions référentielles ; l'autre, de caractère morphologique, qui appelle le retour de phonèmes, isolés ou en groupes, de manière inégalement sensible. Il n'est pas interdit de penser que ce second phénomène, qui a encore fait l'objet de peu d'analyses, serait le plus souvent subliminal, c'est-à-dire qu'il soit resté inaperçu de l'auteur, alors même que le stylisticien mettait le doigt dessus. Jusqu'à présent, l'inverse est également vrai...

Pour un auteur comme Colette, on peut constater la convergence de trois phénomènes. D'abord, comme nous l'avons vu, une facile propension à rêver sur les mots, sur leur forme ; et cette propension remonte à son enfance. Elle nous décrit ainsi la découverte d'un mot qu'elle a répété volontiers à cette époque, pour son charme, pour son mystère ; et les termes qu'elle utilise pour s'exprimer paraphrasent, dans leurs sons, les impressions produites par le mot « presbytère » :

> *« J'avais recueilli en moi le mot mystérieux, comme brodé d'un relief rèche en son commencement, achevé en une longue et rêveuse syllabe. »*
>
> (« La maison de Claudine » (Le curé sur le mur). Pl.II,986).

D'autre part il y a, dans certains milieux, et chez certains écrivains, une ambiance culturelle qui peut, plus ou moins, entraîner à la perception et encourager à l'emploi des jeux de syllabes, de consonnes, de mots et de calembours. Les milieux que fréquenta Colette semblent avoir souvent apprécié ces jeux de langage. Par exemple, le personnage de Maugis, dans les « Claudine » (« *Claudine s'en va* ». Pl.I,644-653), « L'Etoile vesper ». Guilde du livre, Lausanne 1955, p.52). La nécessité même d'occulter le nom des personnages réels qui inspiraient les héros de ses romans aurait pu la conduire à les rebaptiser : Colette a souvent préféré les évoquer de façon voilée, anagrammatique.

Enfin, même dans le cas d'un nom inventé, comme le nom de Rézi, qui n'a rien à voir avec le nom qu'il cache[1], l'auteur a investi dans ce diminutif de Thérèse une grande part d'affectivité[2] : nous pensons pouvoir l'apprécier

1. Madame Georgie Raoul-Duval. (Pl.I,1353, note 2 sur la page 434).
2. *« On ne sait jamais en quel point, et jusqu'à quel noeud de ses nerfs, quelqu'un est atteint par un mot, -j'entends : insignifiant. Atteint, -c'est-à-dire changé. Un mot mûrit brusquement un enfant. Etc. »* (Paul Valéry. Oeuvres. Pl.II. Tel Quel, Choses tues. p.495).

grâce au rayonnement des phonèmes qui composent ce mot, en certains endroits du texte, par l'écho que produit leur présence dans les termes environnants. En pensant aux cils blonds de cette femme, Colette les évoque de la sorte :

« Ainsi battaient sous mes lèvres les cils dorés de Rézi » [1]
DR D R
si é é zi
(« Claudine en ménage ».Pl.I,514)

La seconde syllabe du prénom apparaît comme un écho de l'objet sur lequel se fixe la tendresse de Claudine (cils), leur couleur (DoRé) introduit la préposition et le nom de la personne aimée (De Ré...zi)

Un autre mot permettra à la fois l'évocation du parfum dont use cette femme et le rappel de son nom :

« Dans la chambre claire, où flottent, mêlés, l'iris de Rézi, le chypre rude et sucré de Claudine ».
RS RZ
i i i
(« Claudine en ménage ». Pl.I,491).

Aussi, le jeu de mots suivant est-il un double jeu, à la fois sur les sens (parfum/couleurs...yeux ?) et les sons :

« Je contemple sous toutes ses nuances cette Rézi irisée ».
(« Claudine en ménage ». Pl.I,443).
RZ RZ
é i i i é

Puis le couple d'un substantif (douceur) et d'un adjectif (rusée) manifeste par ses consonnes leur capacité de faire écho à un trait de caractère de cette personne :

« ELLE m'inquiète. Je ne reconnais plus dans sa douceur rusée... »
(« Claudine en ménage ». Pl.I,468).
S R R Z

Il est très intéressant de remarquer trois faits à propos de ce nouvel exemple. D'abord l'implicitation du nom propre « Rézi », qui n'apparaît dans cette phrase que sous la forme du pronom « ELLE ». Ensuite, l'extraction des seules consonnes pour évoquer l'ensemble des quatre phonèmes du nom de Rézi. Enfin, le mot « douceur » lui-même semble se décomposer en deux schèmes : le second, que nous avons figuré ci-dessus (S-R), et qui

1. « Ainsi » correspond à la seconde partie de l'image qui introduisait, en première partie, des guêpes « *battant seulement l'air de leurs ailes blondes* ». Ailleurs (ibid. Pl.I,471), on peut lire : « *Ses cils palpitent en ailes de guêpe...* ».

prépare l'écho du nom occulté (R-Z), en conjugue d'avance l'idée de ruse ; le premier, avec les consonnes D et S répétées successivement (Dans Sa DouCeur), insisterait, au contraire, sur l'apparence séduisante de cet être.

Toujours en évoquant Rézi, et sans la citer, Colette en reconstruit, en chiasme, le nom dans celui du sentiment qu'elle éprouve à son égard :

> *« Ma confiance en ELLE se borne au désir irritant de sa présence ».*
> (« Claudine en ménage ». Pl.I,467). (d) Z R
> é i

Enfin, plus explicitement, en jouant sur l'orthographe du verbe, Claudine s'écrie :

> *« Et je réziste, ô le triste jeu de syllabe... »*
> (« Claudine en ménage ». Pl.I,465).

DE LA PARONOMASE A L'EUPHONIE

La paronomase est la figure de stylistique qui consiste à associer les significations de deux mots qui présentent des sons identiques. Cette identité phonique peut être due, bien sûr, à une même filiation philologique (identité morphosémantique). En parlant d'un marché aux puces, Colette évoque :

> *« le rayon des meubles boiteux, celui des couteaux sans manches, celui des manches sans couteaux et des phonos aphones. »*
>
> F N   F N
>
> o o   O
>
> (« L'Etoile vesper ». Guilde du livre. Lausanne 1955,p.97)

Mais elle est plus souvent due au rapprochement, phonique d'abord, de deux mots dont les significations complètent le sens général de la proposition, de la phrase, de la description :

> *« Ils voulurent... des « personnalités marquantes »... le grand crack pansé, poncé... »* (ibid, p.48)
>
> P S P S
>
> é   é

> *« ...Germaine de Beaumont. Je dois à ce grand écrivain ... des heures précieuses... En cousant nous causions. »* (ibid, p.56,57)
>
> K Z   K Z

Les formulations que suggère à Colette le nom de Rézi sont donc des paronomases. La paronomase est caractérisée par trois aspects importants, par rapport à l'allitération.

Sur le plan phonique, la paronomase s'appuie de préférence sur les consonnes : toute syllabe reproduite dans deux mots proches associe à cette répétition celle d'au moins une autre consonne dans chacun des deux mêmes mots. De toute manière, chaque mot contient au moins deux consonnes différentes en commun.

Sur le plan des significations, chaque mot garde sa signification propre ; leurs valeurs s'accumulent et complètent le sens général du discours. Dans l'allitération, au contraire, la répétition d'une seule consonne (ou syllabe) est mise au service d'une seule interprétation.

Enfin, cette autonomie sémique -sans fusion ni confusion- n'est associée que par l'identité de quelques phonèmes (au moins deux). Ce qui veut dire que, contrairement à la production des allitérations, qui part de la signification d'un mot dominant et répand autour de lui une consonne particulière, ce sont, ici, les phonèmes identiques -et plutôt les deux groupes (limités par les mots dans lesquels ils entrent)- qui commandent les rapprochements sémantiques dans le sens général du discours.

On pourrait ajouter que la paronomase, par ce fait même de rapprocher les formes et de respecter les significations différentes, échappe au problème qui oppose le stylisticien et le linguiste. Peu importe, en effet, que l'auteur, comme l'a prouvé Valéry, loin d'être maître du langage, ait été hanté par lui ; qu'il ait pris, ou non, conscience de l'existence de ce mécanisme formel qui « aimante » les mots. L'essentiel est que ce mécanisme existe, que le linguiste le mette à jour et en démontre les lois : « Le sens qui se propose trouve pour seule issue, pour seule forme, la forme même de laquelle il procédait ». (*Paul Valéry. Première leçon du cours de poétique. Variété.* Pl.1957, Oeuvres I,1374).

En fait, le point de contact entre la paronomase et l'allitération se situe dans l'effort que font les sens et les sons pour se rejoindre. Dans l'allitération, un sens semble pouvoir se concentrer sur un seul phonème (consonne) ; dans la paronomase, l'identité de deux phonèmes propose à l'esprit d'associer les significations des mots qui les incluent. Mais, au départ, sens et sons se distinguent, comme la prose nous permet de l'étudier.

Tantôt les formes précèdent :

> *« Phil ouvrit la porte vitrée, la referma avec effort, fit tête au vent et tendit son front à la pluie fine, vannée par la tempête... »*
>
> (« Le blé en herbe ». Pl.I,1199).

A partir de quel mot le lecteur a-t-il remarqué la première occurrence des F et des V ?

Parfois il semble que « le mot générateur de l'idée » soit resté implicite dans l'esprit de l'auteur. Ainsi, pendant tout le passage où le lecteur peut remarquer des allitérations en S, alors que le terme de « serpent » n'apparaît qu'à la fin de la phrase :

« Ma dépouille : j'appelle ainsi ce corps privé soudain de ce qui le tordait Si paSSionnément Sur un lit moite, Ce corps Si expreSSif dans Sa SouffranCe, si révolté, qui luttait contre son mal, inconscient et vigoureux comme un serpent coupé ! ».

(« La Chambre éclairée ». Convalescence. Pl.I,955).

Le « thème » (sémantique) du serpent apparaît ici après son « allitération ».

On peut seulement prêter à l'auteur qui écrit, et qui se relit, plus de chances d'en prendre conscience qu'à « l'homme de la rue » chez qui ce fonctionnement linguistique ne peut être qu'un automatisme. Jakobson introduit sa remarque sur la paronomase par une anecdote tirée de la vie quotidienne que nous rapporte ainsi Nicolas Ruwet :

« Une jeune fille parlait toujours de l'« affreux Alfred ». « -Pourquoi affreux ? » - « Parce que je le déteste. » -« Mais pourquoi pas « terrible », « horrible », « insupportable », « dégoûtant » ? » - « Je ne sais pas pourquoi, mais affreux lui va mieux. »[1]

Colette se livre au même jeu, lorsqu'elle qualifie une danseuse de café concert de *« molle almée »* (« *L'envers du Music hall.* » PL.II,306), ou lorsqu'elle appelle sa bonne « la molle Mélie » (« *Claudine à Paris* ». Pl.I,348). Et l'on sait que pour elle-même, comme pseudonyme, afin d'évoquer son expérience du Music-hall, Colette a choisi le nom de Renée Néré.(R N N R).(« *La vagabonde* »,2° partie : Pl.I,1154, 3° partie : Pl.I,1213).

Jakobson a même été jusqu'à parler de « structures subliminales »[2] : il montre que non seulement la forme commande les associations des mots entre eux, mais encore que le peuple, qui compose les proverbes et invente les devinettes, le poète, qui rédige ses vers, n'en ont généralement pas conscience.

Si nous considérons à nouveau nos exemples de paronomase sur le nom de Rézi, nous constaterons que le mécanisme langagier offre des formes variables. Jusqu'à présent, nous avons remarqué que la paronomase posait la complémentarité sémantique de deux mots ayant en commun au moins deux phonèmes :

« aux murs, des lavis mal lavés »
LAV ..... LAV

(« Claudine à l'école ». Pl.I,171)

1. Roman Jakobson, « Essais de linguistique générale », ed. de Minuit, 1963, p.219.
2. « Poétique 7 », ed. du Seuil, 1971, p.324.

L'exemple de ces deux mots est significatif. Sur le plan phonique, les deux consonnes des deux mots sont identiques, ainsi que la première voyelle entre celles-ci. Cette triple identité l'emporte largement en perceptibilité sur l'inconvénient que la voyelle suivante, finale et donc accentuée, soit de timbre différent (i/é). Du point de vue sémantique, le rapprochement des deux sens introduit dans l'esprit du lecteur une sorte d'évidence philologique comme si ces objets décoratifs exigeaient d'être, plus que d'autres, passés à l'eau et à la lessive...

Voici une autre paronomase dont les deux termes lexicaux, réunis par la similitude phonétique, proposent un raccourci de deux époques de la vie de l'auteur, dont nous avons déjà étudié une autre image en page 22 :

> *« L'équille - l'aiguille brille entre deux fils »*
>
> (« L'étoile Vesper ». Guilde du Livre - Lausanne 1955.p.219)

Le second mot ne diffère phoniquement du premier que par deux phonèmes (alternance K/G, et addition de la semi-consonne). Dans la langue de l'auteur, l'équille (ou anguille de sable) évoque des souvenirs de vacances et de plage. Le rapprochement phonique opère un saut chronologique : la romancière, vieillie, s'occupe à broder, seule, désormais, ou en compagnie de quelque fidèle amie ; et une expérience passée réapparaît au détour d'un jeu de mots. Cette phrase offre, de plus, un très bel exemple d'assonance, qu'aura remarquée le lecteur, sur la même voyelle tonique i. En y associant le contenu sémantique, on peut supposer ici que cette assonance accompagne dans l'esprit de l'auteur l'image de deux éclats lumineux, brefs et intermittents.

Considérons la phrase :

> *« Quelle palme parfumée, quelle ramure fleurie frôle la joue... »*
>
> (« L'Ingénue Libertine ». Pl.I,783)

Elle présente plusieurs retours phoniques que l'on peut difficilement classer dans cette figure de style. Bien sûr, la répétition anaphorique de l'adjectif relatif « quelle » relève de la stylistique. Mais la seule syllabe PA, par laquelle commencent les deux mots successifs PAlme et PArfumée, ne relève pas, à notre connaissance, de la paronomase. Il faudrait plutôt y voir la coïncidence de la répétition successive de deux phonèmes : d'une part la consonne P, de l'autre la voyelle A. Ce qui conforte cette analyse, c'est que la même voyelle se retrouve, deux mots plus loin, associée cette fois à une autre consonne (R) avec laquelle elle alterne pour former la figure AB...BA (pARfumée...RAmure). Cette même figure en chiasme phonologique se retrouve, d'ailleurs, avec les phonèmes M et U : parfUMée...raMUre. Cette présentation inversée correspond de plus, dans ce second exemple, à une rupture phonétique fondamentale : dans le second mot (ra-MUre), ces deux phonèmes M et U appartiennent à la même syllabe, tandis que dans le premier (parfU-Mée), ils se distribuent sur deux syllabes successives. On perçoit donc que l'analyse phonologique de la paronomase aboutit à une distinction de la chaîne consonantique et de la chaîne vocalique.

Une autre particularité de ces retours phoniques, et qui ne correspond pas au concept qu'implicitent, chez les stylisticiens, les exemples de paronomases, est leur chevauchement sur les limites des mots. Ainsi, le « mot » formé du verbe à l'imparfait : (je) MELAIS, se décompose en deux syllabes dont la première prend la valeur de l'adjectif possessif pluriel de la première personne (mes) et la seconde ouvre un mot lexical (Lè-vres) :

« dont je mêlais sur mes lèvres le goût d'alcool »
MèLè mè/ Lè

(« Les vrilles de la vigne », 3ème partie, Pl.I,1217)

Devant des exemples de ce type, le linguiste se sépare du stylisticien. Ce dernier aura du mal à classer comme figure de rhétorique une structure phonologique qui présente deux aspects : d'abord la décomposition des mots en parcelles (ici, les syllabes, souvent les phonèmes), laissant certaines parties du mot « inutiles »; ensuite, et en conséquence, l'établissement, entre ces unités isolées, de rapports purement phoniques, dans lesquels il semble que « le sens » n'ait plus sa place. Cette partie de la linguistique qui analyse les structures sonores sous-jacentes à l'organisation du discours en unités signifiantes s'appelle l'euphonie. Nous essaierons d'abord de discerner, dans la prose de Colette, l'existence des principales figures euphoniques, puis nous aborderons la poïétique, c'est-à-dire l'investissement par le sens de ces structures phoniques, et la façon dont elles se prêtent à la production du sens.

Soulignons une remarque : le second groupe -formé de deux syllabes- et qui a le double inconvénient de fractionner en deux le mot « lèvres » pour n'en utiliser que la première syllabe, ainsi que de le faire précéder d'un déterminant, ce second groupe n'existe dans l'esprit du lecteur que parce qu'il fait écho aux deux mêmes syllabes formées des mêmes phonèmes, et, ici, dans le même ordre. A un mot complet[1] correspondent un mot et un morceau de mot ! Le premier groupe des sons considérés, qui coïncide avec

---

1. Un synthème est formé de plusieurs monèmes, ici le radical MEL et la désinence è, écrite « -ais » (mêl-ais). La conscience linguistique diffère selon les niveaux considérés. Les trois monèmes (mots) « machine à écrire » ne forment qu'un synthème, car ils ne désignent qu'un seul objet. Dans la suite de nos analyses, nous utiliserons le concept, plus opératoire, de lexème. Ce terme représentera autant le « mot lexical » que les diverses sortes de synthèmes.

les limites des mots, est dit lexémique. Le second groupe enjambe sur deux lexèmes, mais n'occupe qu'une partie d'un lexème : la première syllabe de « Lè-vres ». Il est translexémique car il est constitué de phonèmes appartenant à des portions de « mots » (ou « lexèmes ») successifs différents. Comme, par ailleurs, nous avons déjà évoqué l'indépendance de la chaîne vocalique par rapport à la chaîne consonantique, l'esprit de l'auteur pourra jouer avec les phonèmes d'un premier mot (lexème), en en choisissant certains qui réapparaissent, dans un autre ordre, mais toujours dans les limites des lexèmes. On appelle infralexémique le groupe phonique complet qui, dans les limites d'un lexème, n'en utilise pas tous les phonèmes de la même chaîne[1], comme le premier groupe de la série suivante :

« ...dispense aux passants... »

(dis
P-AN-S) (P-S-AN) (« La Vagabonde ». Pl.I,1217)

Le second groupe de ce dernier exemple est lexémique.

L'analyse euphonique de la paronomase présente donc à la fois l'avantage et l'inconvénient de distinguer les formes sonores des associations sémantiques qu'elle propose. Reconnaissons que ces associations apparaissent souvent plutôt arbitraires. L'inconvénient repose en conséquence sur la difficulté de réintroduire le rôle du sens dans ces structures phoniques. Nous en verrons plus tard les possibilités et les résultats. Mais l'avantage est de rendre compte, en quelques formules simples, d'analyses que la décomposition syllabique des mots rend complexes et réitératives.

Ainsi, l'analyse du membre de phrase :

« Son cou gras de gourmand »
(« L'Entrave ». Pl.I,458)

pourrait, successivement, relever les syllabes semblables (avec les phonèmes consonantiques équivalents (sourde/sonore) :

(Kou) - (Gou -)

– ou bien les consonnes « successives » identiques et dans le même ordre :

(GR-) de (G-R)mand

1. L'ensemble des voyelles et l'ensemble des consonnes d'une langue s'appellent respectivement « chaîne vocalique » et « chaîne consonantique ». Le « système » euphonique s'applique séparément à chacune des chaînes du langage.

(les consonnes du premier groupe sont toutes deux explosives de la même syllabe, celles du second sont l'une explosive, l'autre implosive de la même syllabe),
- ou encore les phonèmes infralexémiques du second « mot » qui répondent (avec alternance orale-nasale pour les voyelles) au premier groupe euphonique :

gras de gourmand
(GRA) (G- R-AN)

L'analyse euphonique rend compte, en deux lignes (consonantique et vocalique séparément) de ces équivalences phoniques :

```
Son cou gras de gourmand
   (K)- GR     G  R
    ou - a  -  ou - an
```

Cette analyse nous propose un outil à la fois plus simple et plus complet que celle qui prend en compte toute la syllabe, pour la décomposer ensuite. En revanche, l'exigence de présenter des suites continues de phonèmes en deux groupes (au moins) équivalents suppose parfois l'admission d'équivalences d'unités non phonologiquement identiques (les substitutions a/in et n/r de la phrase suivante) :

```
"Tu m'as donné le pain le plus doré"    (« Les vrilles de la vigne »
        D  N  L  P    L  PL   D R            Nuit blanche. Pl.I,971)
           =°                 = °
u    a  O  é  e   in  e   u   O é
     +°           + °
```

Une contre-épreuve de cet avantage nous est donnée par l'analyse, que fait H. Morier, d'une « multisonance » qu'il relève chez Aragon :

« C'est qu'à l'orgue l'orage a détruit la voix d'ange »
(« Les yeux d'Elsa » (Plus belle que les larmes). Strophe 2)

H. Morier relève seulement la figure suivante[1] :

a + lor ...lor + a

1. H. Morier - Dictionnaire de Poétique et de Rhétorique. PUF 1981, p. 802.

La distinction entre la chaîne vocalique et la chaîne consonantique permet peut-être de voir un plus grand nombre de phonèmes qui se font écho :

```
"C'est qu'à l'orgue l'orage a détruit ...
        a   o   -   o a   a              (ordre inverse)
      K   L  R-G  L  R                   (même ordre)
      +o       + o
```

avec, dans la suite de cette même phrase :

```
....   l'orage a détruit la voix d'ange"
         a  a           a  a     an
          J   D                  D   J
```

Ces figures que nous venons d'analyser peuvent se classer, en simplifiant, en deux catégories : les figures oscillatoires et les séries. Dans les deux cas, il s'agit soit des consonnes, soit des voyelles ; mais les mêmes structures sont vérifiées dans ces deux types distincts de phonèmes[1].

Les OSCILLATIONS sont formées de la succession alternée de deux phonèmes de même chaîne. L'oscillation la plus simple est de type ABA. Dans l'exemple suivant :

« Cherche en vain un vigoureux violet velouté »

(« Printemps de la Riviera ». Pl.I,1060)

l'oscillation ne concerne que les deux consonnes qui alternent sans l'interruption d'une autre consonne[2] :

violet velouté
V L V L (modèle ABAB)

Elle ne concerne pas la répétition des syllabes[3] : vi-goureux vi-olet (d'ailleurs séparées par d'autres phonèmes).

Elle ne concerne pas la seule succession double du même phonème, que Morier appelle « rebondissement » (cf ci-dessus).

---

1. Non seulement en français mais dans la plupart des langues occidentales, et même en arabe.
2. Le T de *« violet »*, non prononcé, n'est pas pris en compte.
3. Ce qui pose une question, que nous traiterons ailleurs (chapitre 6), celle de la prononciation de l'auteur. (vi-o-let ou vio-let)

La simplification à l'extrême de ce type de figure (ABA) (à succession alternée de deux phonèmes) consiste dans l'occurrence triple du même phonème. Quand il s'agit d'une (même) consonne, cette figure est connue sous le nom de cacophonie :

```
"Comme un chien hurle à la lune"
                  L    L  L
                u    a  a   u
```

(« Claudine s'en va ». Pl.I,62O)

Heureusement, la séquence formée de la triple occurrence successive de la même consonne (L) est doublée d'une oscillation (de type ABBA) des voyelles u et a. Le stylisticien (bien que l'aboiement soit imité par la voyelle « ou », traditionnellement, et non la voyelle « u »), parlerait sans doute d'assonance imitative. Mais il reste la figure L L L : c'est la forme la plus simple (occurrences successives triples du même phonème) à partir de laquelle commencent les oscillations euphoniques (substitution de l'occurrence centrale par un autre timbre du même type : ici, une consonne). Cette occurrence successive n'est pas toujours interprétable stylistiquement. Elle est particulièrement perceptible avec certaines consonnes, surtout lorsqu'elle est écrite, car dans la langue de communication orale, qui n'a pas, par ailleurs, d'arrière-pensée esthétique, ces figures s'effacent de l'esprit de l'auditeur aussitôt que le sens est perçu :

« La jeune femme était étendue sur un lit... »
T T T (+D)
é-è - é

(« La chambre éclairée » La nuit paisible. Pl.II,910)

Là aussi, une oscillation vocalique, de type ABA, double et chevauche partiellement l'occurrence multiple de la dentale (trois sourdes suivies d'une sonore)[1].

Dans la phrase suivante, nous pouvons constater la présence de plusieurs occurrences multiples et oscillations superposées :

1. Le lecteur pourra apprécier, à propos de cet exemple, si quelque interprétation « physiologique » de cette « allitération » (de type A.Spire, Morier, Fonagy, Peterfalvi ou J. Kristeva) est ici possible...

"Il attendit, avec la sagacité de ses seize ans"
(« Le blé en herbe ». Pl.II,1216)

```
    S G S T  D  S
  a a a ---------
                S  S  Z
                è  è
```

La première ligne extrait deux oscillations consonantiques enchevêtrées (aba : SGS) et (acc'a : STDS) ; la seconde ligne décrit une occurrence triple de la voyelle « a »; la troisième et la quatrième une occurrence triple de la consonne « S » (le troisième phonème étant altéré) superposée à un « rebondissement » vocalique (donc simultanément syllabique).

Nous avons évoqué, au chapitre des allitérations, la possibilité que l'idée du serpent, alors que le mot même n'apparaît qu'à la fin de la phrase, ait engendré sous la plume de l'écrivain, une suite de mots présentant une allitération en S. On voit combien le phénomène de l'allitération diffère de l'occurrence multiple. Dans l'allitération, chaque occurrence de la même consonne peut être séparée de l'occurrence suivante par une ou plusieurs syllabes formées de phonèmes différents ; dans l'occurrence multiple, aucun timbre (de la même chaîne : consonne ou voyelle) ne vient interrompre la succession du même timbre. De plus, l'allitération cherche une explication fondée sur le sens de ces mots. Mais le linguiste relève facilement des exemples de ces figures « pures », c'est-à-dire auxquelles on ne peut ni donner ensemble la même explication, ni isolément une justification sémantique :

"en soupesant dans ses paumes ses seins sans corset"

```
                               S   S    S
```

(« Claudine à Paris ». Pl.I,224)

"Parce qu'il se sent sans reproche" (« L'Entrave ». Pl.II,442)

```
             S  S    S
                an   an
```

L'occurrence multiple est donc la manifestation la plus humble d'un besoin de retour, de répétition, qui se trouve dans la langue. Le rebondissement, et surtout l'oscillation, atteignent un niveau supérieur, encore très simple, faisant alterner -irrégulièrement- deux phonèmes successifs :

« celle qui rêvait, ravissante, à vingt ans »

```
            RV RV
```

(« Le voyage égoïste » « Chapeaux » - Pl.II,1149)

L'évocation d'un rat permet à Colette de développer les phonèmes de ce mot [1]dans le passé simple du verbe gratter (g)RATTA ; puis les seules consonnes se répètent trois fois :

```
"...rat, gratta la terre en trottant"  (« Le blé en herbe ».Pl.II,1223)
    a     a a  a        an   O  an
   R     GR  T  L   T  R      TR  T
```

La première ligne, vocalique, présente quatre occurrences successives de « a », suivies d'une oscillation. Sur la seconde ligne, consonantique, on distingue deux oscillations de type ABA, la seconde (TLT) enchevêtrant son dernier phonème avec le premier d'une oscillation de type ABABA.

L'analyse euphonique permet alors de démontrer - au-delà de l'interprétation allitérative du bâillement évoqué par les phonèmes B et A, le véritable contrepoint que constitue la double succession de ces deux phonèmes dans le membre de phrase que voici :

```
"Ces villas blafardes où baillent des bourgeoises"
         L   BL              B              B
         a     a  a
                  a  -  ou - a             ou - a
```

(« La Vagabonde » Pl.I,1196)

Sur le plan sémantique, il apparaît probable que les mots sources (ou noyaux lexémiques, de communication courante) aient été « ces villas ... bourgeoises ». Les lexèmes « blafardes » et « bâillent » sont des lexèmes satellites attachés aux noyaux par les similitudes morphologiques. Les noyaux, ici, portent la présentation référentielle ; les satellites offrent des jugements de valeur, de caractère affectif, personnel, subjectif.

---

1. En principe, il s'agit seulement de R et de A. La triple apparition du T uni au R dans les mots suivants peut suggérer que le T muet du mot RAT était présent dans la conscience de l'auteur. Colette ne le prononçait cependant pas : selon notre analyse, ce T interromprait la première oscillation.

Quant à l'origine formelle des occurrences vocaliques successives, on peut supposer qu'elles résultent d'une concentration, d'une condensation des retours phoniques le plus souvent éparpillés sur l'ensemble de la phrase. Cet éparpillement, cependant, n'était pas aléatoire : c'est aux points forts de la phrase que se produisent ces échos sonores, c'est-à-dire prioritairement aux syllabes finales des lexèmes accentués.

On peut ainsi, dans certaines phrases de Colette, repérer le retour, sur des syllabes accentuées, des mêmes voyelles :

```
"de petits frelons - saisis par la pluie - et qui attendaient -
              on          i           i                   è

 engourdis - le prochain rayon"
        i                 on
```

(« Le blé en herbe ». Pl.II,1200)

On peut supposer trois manières de percevoir la musique vocalique de cette phrase. Tout d'abord, l'accent tonique et les pauses choisies éliminent certaines voyelles. Ensuite, on peut percevoir, linéairement, la succession des trois voyelles comme une structure doublement superposée : A(BB(C)B)A. On peut aussi se contenter de constater que, globalement, les trois voyelles on-i-è forment une sorte de « mode », ou de « gamme », que nous appellerons schème vocalique, à partir duquel s'organise la ligne « mélodique » de l'analyse précédente.

Si l'on poussait plus avant la comparaison avec le modèle musical, on pourrait dire que l'on assiste à une « modulation », à un changement de « mode », dans la phrase suivante : (« Une autre vague de vent »)

```
"...Elle accourt en furie, tourne autour de la maison, insiste,
           ou        i    ou      ou            (on)      i

 secoue humainement les persiennes: Minne entend les arbres gémir"
    ou         an           è       i       an                i
```

(« L'Ingénue libertine ». Pl.I,700)

La phrase passe du mode « i-ou-on » au mode « i-è-an » par la modulation de la nasale « on » dans la nasale « an »; puis la substitution de « è » à « ou », seule demeurant la voyelle « i ». Certaines voyelles atones répondent en écho aux timbres accentués (è, an), ou les accompagnent et les complètent (a, u).

Nous avançons donc cette hypothèse que certaines voyelles, se répétant aux points forts de la phrase, c'est-à-dire aux syllabes toniques, forment

non seulement des couples, mais des trinômes ou quadrinômes vocaliques dans l'esprit de l'auteur ; à ce moment précis, au moins, de sa production.
Ainsi, dans la phrase suivante, les voyelles « O » (o ouvert) et « an » sont-elles particulièrement audibles, et, complémentairement, la voyelle finale « i » :

« Encore un effort du vent, encore un soulèvement du champ gris »
(an)or or an (an)or an (an) i

(« Le blé en herbe ». Pl.II,1199)

On dit que cette phrase s'appuie sur le *mode* « O -an-i ». Il est facile de généraliser cette constatation à l'organisation sonore des vers libres ainsi que des vers réguliers : il n'est pas rare de trouver les mêmes voyelles à tous les temps forts des vers, et pas seulement à la rime.

En ce qui concerne notre propos, nous pouvons montrer que les échos sonores - vocaliques, mais aussi consonantiques- répartis primitivement et prioritairement aux points forts de certaines phrases, se concentrent volontiers sur plusieurs syllabes successives du même mot, ou enjambent les frontières des mots. Les deux phénomènes (éparpillement, concentration) peuvent être coexistants. Dans la réalité d'une phrase de prose -et chez Colette en particulier-, il n'est pas rare que la sensibilité créatrice musicale de l'auteur joue successivement (sans, peut-être, arrière-pensée allitérative) sur des consonnes, puis sur les voyelles accentuées (car plus perceptibles) ; puis reprenne au bond, comme dans l'exemple suivant, une consonne d'un mot « noyau » pour la reproduire deux fois :

```
"Le fauve parfum de cette aube rouillée m'avait tirée
   F..V.....F
   o .................... o ...... é .......... é

 de mon lit jusqu'au nid de guêpes engourdies que je guettais..."
        i .......... i D G        G rD         G T
                       e è e        i        e e è è
```

(« La retraite sentimentale »Pl.I,856)

Voici un autre exemple d'interférence de phonèmes vocaliques et consonantiques :

« il entendit grincer une grille à l'angle du mur »
i an an i i an u u
GR GR L GL

(« Le blé en herbe » Pl.II,1212)

La succession des deux dernières voyelles est le phénomène dont nous avons repris, chez Henri Morier, la dénomination de « rebondissement syllabique »[1]. Les voyelles de l'oscillation initiale se répètent plus loin, en position accentuée. Enfin, le phénomène de répétition touche les deux consonnes initiales de deux substantifs successifs, en forme d'allitération, laquelle est réévoquée par les consonnes du syntagme suivant. Ailleurs, c'est au contraire une oscillation vocalique qui succède à deux rebondissements consonantiques, le premier d'entre eux discrètement souligné par les voyelles « o » et « O » (fermée, ouverte) :

« La mer aux rochers chevelus de fucus noir »
R R Ch Ch
o O e eu e u u

(« Le blé en herbe » Pl.II,1186)

Bien évidemment, les exemples les plus perceptibles parmi les phénomènes itératifs sont ceux qui, réunissant aux mêmes points (ou à peu près) de la phrase les mêmes consonnes et les mêmes voyelles dans le même ordre, donnent l'impression que l'unité de base serait la syllabe, éventuellement augmentée d'une consonne ou d'une voyelle, et non pas le phonème :

"Fleura le ragot, le fagot"
FLe .... Le F
Le Ra-Le Ra
(a)Go - (a)Go

(« L'Etoile Vesper » Guilde du Livre, Lausanne 1955,p.96)

L'interférence de ces formes avec le sens est sensible, mais cependant difficile à cerner. Ainsi les deux oscillations vocaliques successives de ces deux syntagmes nominaux :

"le roucoulement du matou amoureux"
e ou ou e an u a ou a ou eu
M M M

(« L'Entrave ». Pl.II,368)

sont de forme ABBA, puis de forme CBCB.

Sur le plan sémantique, la voyelle « ou », commune aux deux oscillations, permet de rapprocher trois mots dont les sens, cumulés, dépassent en suggestion la simple allitération vocalique. L'imagination de Colette aurait pu s'appuyer sur le verbe miauler et sur « l'harmonie imitative »; pour

1. Dictionnaire de Poétique et de Rhétorique. PUF 1981, p.927. Mais les exemples que donne Morier concernent tous l'intérieur d'un mot.

nous, les phonèmes M-a-ou de la seconde série de l'exemple analysé « implicitent » le mot « Miaou »[1]. L' oreille de Colette a choisi ces deux dernières voyelles, que réunit le dernier syntagme. Sur le plan stylistique, l'adjectif « amoureux » a pu appeler l'image du ramier (symbole de l'amour) ; et celle-ci le nom de son chant (le roucoulement) qui possède et répète aussi la voyelle dominante de la seconde oscillation. Ainsi, la métaphore du chat et du pigeon n'est pas abstraite, ni simple comparaison acoustique, mais d'origine phono-stylistique.

Pourtant, par ailleurs, la même voyelle « ou », contenue dans le nom du hibou, peut aussi en évoquer le cri, lorsqu'elle est présente dans les mots qui entourent ce substantif :

```
"les doux hiboux veloutés"
  é - ou  ......... ou-é
      ou - i-ou
 L  D              L  T
```

« Les vrilles de la vigne » (Pl.I,1033)

Grâce à l'adjonction de l'adjectif « doux », nous voyons, à la seconde ligne de notre analyse, une oscillation vocalique de type ABA. On peut d'ailleurs se demander si Colette a pensé à l'acoustique du cri, ou, sémantiquement, à un trait de caractère (timidité : doux) ; ou encore au sens du toucher, comme le suggèrerait le dernier adjectif. Si, comme nous le pensons, c'est souvent la forme qui domine et entraîne les formes, c'est au lecteur, ensuite, de décider quelle interprétation lui convient le mieux.

Toujours est-il qu'avec ce dernier adjectif apparaît une autre forme que l'on peut considérer, dans sa version la plus simple, comme l'éclatement en deux fragments éloignés semblables[2] d'une oscillation à quatre occurrences (é-ou...ou-é). L'adjectif « veloutés » permet en effet, par ses deux dernières voyelles (ou-é) et par ses deux dernières consonnes (L-T), de se faire deux fois l'écho du syntagme qui qualifie le substantif « hibou ».

On appelle SERIES les figures euphoniques formées d'au moins deux groupes de phonèmes semblables.

---

1. On rapprochera ce choix de voyelles avec celui de notre exemple de la page 38. Pour Colette, le chat miaule grave et le chien lance des notes -l'une d'entre elles, du moins- aiguës.

2. Le timbre est la nature spécifique du phonème. Les occurrences sont le nombre de ses apparitions. Dans les oscillations de type a-b-b-a ou a-b-a-b, chaque timbre (a ou b) présente deux occurrences (2a et 2b).

L'identité des *fragments* est caractérisée par le même ordre d'apparition des mêmes timbres : ab...ab. Sont semblables les groupes de timbres identiques se répondant *en ordre et en nombre différents.*

La série à deux timbres exige que les deux groupes, d'au moins deux timbres chaque, quel que soit l'ordre dans lequel se présentent les timbres du second groupe, soient séparés par au moins un autre timbre de la même chaîne (vocalique ou consonantique). Par exemple :

« le merle siffle clair »
e è e i e è
(« L'Entrave ». Pl.II,445)

L'oscillation fondée sur les deux timbres « e, è » devient une série à deux groupes inégaux, séparés par le timbre « i ». L'adjectif « clair », qui participe par sa voyelle à un équilibre du syntagme autour de la voyelle aigüe « i », commente sémantiquement le timbre de cette voyelle qui le précède.

A partir de trois timbres, les deux groupes de la série peuvent se présenter sans interruption :

« la nuit, la guerre, la pluie, la neige »
a i a è / a i a è
(« L'Etoile Vesper » Guilde du Livre 1955,p.45)

Cette figure, qui tient compte de tous les phonèmes successifs de la même chaîne (ici, les voyelles), manifeste bien que l'on descend d'un niveau dans le détail de l'analyse et dans la concentration phonique, par rapport aux seuls timbres accentués, précédemment étudiés, lesquels présenteraient ici la figure i-è ... i-è.

Dans la versification également, l'euphonie ne s'attache pas aux seules articulations prosodiques et syntagmatiques du vers, aux seules syllabes accentuées, mais à tous les sons qui le composent.

Dans l'exemple suivant, deux oscillations successives ayant une voyelle en commun « a », se trouvent réunies pour former le premier groupe d'une série dont le second groupe résume les trois voyelles du premier :

« hélas, hélas, je nage, d'un regard éperdu »
(é a é a) (e a e) .... (e a é)
(« Les vrilles de la vigne » Printemps de la Riviera. Pl.I,1O6O)

L'analyse euphonique développe et synthétise donc deux intuitions linguistiques distinctes, connues sous les noms d'assonance et d'allitération. Les conditions d'apparition et de multiplication de ces phonèmes sont, au départ, distinctes. Dans l'assonance, la même voyelle tend à se placer aux points forts des syntagmes (aux accents) qui scandent la progression de la phrase. Son apparition est donc, d'abord, espacée, et ce n'est que dans un second temps que, d'une part cette même voyelle se fait l'écho d'elle-même par son retour sur certaines syllabes atones ; d'autre part, et surtout, que d'autres timbres atones (vocaliques), réitératifs, et dans des positions précises les uns par rapport aux autres, ont pu suggérer l'existence d'un système dépendant des structures prosodiques (des vers, en particulier)[1].

Il est symptomatique que le phonéticien de Montpellier ait déjà choisi de traiter séparément les structures vocaliques (et non les retours consonantiques). Il n'a pas cessé de voir, dans ces derniers, des intentions (ou des interprétations possibles) allitératives, c'est-à-dire liées aux sens exprimés par les mots qui les contiennent. Notre opinion est que voyelles et consonnes font le chemin inverse à la rencontre les unes des autres, pour produire les mêmes structures sonores particulièrement denses (et aboutissant souvent à des syllabes semblables ou identiques) dans les vers. Les voyelles, comme nous venons de le voir, s'appuient sur la dispersion des accents toniques et aboutissent à la concentration oscillatoire. Les consonnes, au contraire, à partir de retours immédiats, successifs, sortes de « ratés » de l'expression, en développent les échos espacés aux initiales des mots proches (allitération), à l'intérieur des mots et dans leurs liaisons entre eux ; elles doublent l'allitération initiale d'un autre timbre, puis d'un troisième, et ainsi jusqu'à couvrir, par endroits, la quasi totalité du syntagme ou du groupe de syntagmes. Des milliers de vers apparaissent ainsi couverts d'un réseau dense de séries consonantiques.

Pour simplifier, nous dirions que l'assonance éparse tend vers l'oscillation vocalique (deux voyelles en alternance) et même le rebondissement (deux occurrences et plus du même timbre) ; l'allitération, de successive, tend à se développer en nombre et en surface sur des séries de plus en plus complexes.

1. Le premier vers qu'analyse Maurice Grammont dans sa thèse (« Le vers français, ses moyens d'expression, son harmonie ») est le suivant :

« Vous mourûtes aux bords où vous fûtes blessée »
ou - ou-U/e - o - O / ou- ou - U/e - è- é

Il « gomme » ensuite les différences de timbres, en posant l'équivalence des oppositions et successions de timbres ouverts et de timbres fermés.

STRUCTURES SERIELLES COMPLEXES

Notre analyse nous conduit donc à suivre le développement des « allitérations » consonantiques en structures sérielles. Le mot « allitération » est à utiliser entre guillemets, comme constat du retour rapproché de la même consonne, en laissant de côté toute préoccupation d'interprétation sémantique. Nous n'omettrons cependant pas d'évoquer plus loin les interférences sémantiques possibles, mais ici, nous donnons la priorité aux analyses formelles.

Ainsi, nous appelons allitération purement formelle l'exemple :

« Ma peau me pèse comme au début d'un accès de fièvre »
M P M P

(« La retraite sentimentale ». Pl.I,936)

Pour les consonnes, l'oscillation (ou allitération de deux timbres en occurrences successives) est donc la première figure euphonique. Lorsque cette figure peut se scinder en -au moins- deux groupes comportant les mêmes timbres, en position et en nombre indifférents, nous avons la série :

« C'est ce candide moment que les jardiniers de mon pays, soucieux de cueillir des fruits fermes et froids, nommaient l'heure des fraises »
FR-/(FR -) (z) FR FR-(z)

(« L'Entrave ». Pl.II,445)[1]

L'oscillation initiale (FRFR) se développe, au premier regard, en série à trois groupes, puisque les deux timbres de l'oscillation réapparaissent, groupés en diphonèmes, encore deux fois. En fait, à ces deux consonnes initiales s'ajoute le Z du lexème « fraises »; et la même consonne se présentait, à l'initiale du mot « froids », comme consonne de liaison. Le développement euphonique, sur cette phrase, concerne donc une oscillation

1. Colette évoque à nouveau cette expérience référentielle dans l'appendice de « L'Entrave » (Pl.II,473)

de type ABAB, puis une série CAB...ABC. Quel que soit le nom que l'on donne à ces répétitions proches (allitération ou assonance), leur existence, et même leur apparition fréquente chez Colette est indiscutable.

L'analyse euphonique, en analysant en structures simples les figures les plus évidentes :

« La marée de septembre et ses chevaux blancs échevelés »
S CH-V ....Z CH-V
(« Le blé en herbe ». Pl.II,1199)

permet de rendre compte ensuite de figures de plus en plus complexes avec les mêmes types de structures, seulement développées et adaptées aux nouveaux cas qui se proposent.

« La mienne, en voile ivoire... » (« Claudine s'en va ». Pl.I,593)

Dans cet exemple, les graphèmes « oi » seront phonologiquement décomposés en « w+a ». Cette répétition proche (allitérative et assonantique à la fois) s'analyse alors facilement en une **superposition** d'une oscillation vocalique (a-i-a) et d'une série consonantique à deux timbres VW (-L-) VW. Nous comptons en effet pour consonne la semi-consonne W.

Colette semble se délecter à donner à certains mots des échos sonores construits sur les mêmes consonnes ; tantôt rapprochés et se présentant dans le même ordre, comme dans l'exemple suivant :

« La voix de cent passereaux poussiéreux soutient une... »[1]
PSR P S R
(« L'envers du Music'hall » Matinée. Pl.II,242)

tantôt éloignés, avec des phonèmes en ordre différent :

« ... aspirant au soir sec et poussiéreux » (« L'Entrave ». Pl.II,445)
SPR .... P S R

Il y a là une convergence qui conforterait la thèse de l'étymon que nous avons soutenue à propos de certaines formules de Paul Valéry[2]. On peut

1. Pour la simplification de la démonstration, nous ne présentons pas ici les consonnes des mots « de cent » et « soutient » qui allongent les deux groupes de cette série lexémique. De même, à l'exemple suivant, on trouve une oscillation SRS entre les deux groupes présentés.

2. Cf Michel Gauthier : « Système euphonique et rythmique du vers français » (Klincksieck 1974) p.156, et « Bulletin des études valéryennes » (Université Paul Valéry, Montpellier), n23, mars 1980, p.37, ainsi que « Revue des Lettres modernes ». Paul Valéry, 5. Ed. Minard 1987, p.151

aussi constater que, à côté d'une organisation très perceptible, le lecteur peut ne pas remarquer -parce que translexémiques-, des structures semblables, pourtant aussi présentes, et donc aussi analysables. Mais la « seconde » est une oscillation :

« au service de son vers le plus pulpeux »
(L)(PL) (PLP)[1]
(« L'Etoile Vesper » Guilde du Livre 1955, p.122)

la première est une série, à trois timbres seulement (au lieu de deux pour l'oscillation) mais avec un timbre qui sépare les deux groupes :

service de son vers
(SRVS) - (S) (VR)

Rappelons à cette occasion que la perceptibilité de l'oscillation est plus grande que celle de la série la plus simple, et plus encore si la même voyelle souligne par un « rebondissement » cette oscillation :

« Il fera beau, l'aube est bleue... » (« Claudine en ménage ». Pl.I,515)
B L B BL[2]
o o

On peut alors évidemment affirmer que Colette a été consciente (si elle ne l'a cherchée, elle l'a accueillie avec bonheur) de la possibilité de jouer sur les sens des mots qui riment ensemble :

« Le chien gâté calcule et ment, le chat dissimule et simule »
uL M SiMuL SiMuL
(« La maison de Claudine » Bâ-Tou. Pl.II,1062)

De même, on trouvera facilement chez d'autres écrivains la proximité, chantante à l'oreille, des deux verbes « siffler » et « souffler » :

« Le train souffle, siffle » (« Claudine à l'école ». Pl.I,124)
SFL SFL

1. Les parenthèses rappellent les limites des mots (lexèmes, synthèmes)
2. Notre enquête sur l'oeuvre de Colette propose une telle « moisson » d'exemples que nous pensons souvent avoir affaire, plus qu'à un fait de style, à un fait de langue : à mi-chemin entre l'occurrence multiple :
« les grands grains d'avoine barbue, qui sont de si sensibles baromètres » (Pl.II,1589 n° 7)
et l'oscillation :
« une lame froide de jour naissant s'insinuait » (« Chéri ». Pl.II,816)
NS S SN

On peut ainsi, dans l'oeuvre de Colette, aligner les exemples de séries à quatre, cinq, voire six phonèmes par groupe. La consonne translexémique, parfaitement audible, joue son rôle dans la structure des séries :

"le peuple abominable des bêtes sans pieds, plates, glissantes, glacées..."
("Les vrilles de la vigne". Jour gris. Pl.I,973)

L P PL B ... BL .... P PL ....
T GL S T GL S

(« Les vrilles de la vigne ». Jour gris. Pl.I,973)

La première ligne manifeste une série à deux timbres, répartie sur douze syllabes[1] ; la seconde une série resserrée à quatre timbres se présentant dans le même ordre et, pour cette raison, très perceptible.

La frontière entre le style et l'euphonie est souvent délicate à préciser. Dans l'exemple précédent, on peut supposer à Colette une conscience, ou une prise de conscience, en se relisant, des identités phoniques des deux mots « glissant, glacé » (groupes lexémiques) et même un choix volontaire, dans l'intention de souligner le dégoût du locuteur devant le spectacle qu'il décrit. Cette intentionnalité est évidemment très certaine à partir du moment où l'auteur (un peu à la manière de Péguy) répète les mêmes mots, donc, nécessairement, les mêmes phonèmes :

« le vrai sommeil, le vrai songe, le songe agencé, vraisemblable »

L VR S M j L VR S J - L S J J S VR S BL BL
M (M)(M) (-j)

(« L'Entrave ». Pl.II,396)

Plus le nombre de phonèmes de la série augmente, moins, évidemment, on peut invoquer une « conscience euphonique » que l'auteur aurait eue des échos que les retours des mêmes mots, cependant, provoquent.

Il n'est pas nécessaire, d'ailleurs, de s'appuyer sur des séries comportant, comme la précédente, un très grand nombre de phonèmes (six à sept timbres différents, onze à douze occurrences par groupe...) pour affirmer que l'auteur n'a pas pu chercher consciemment, ou seulement prendre conscience de ces retours en groupes identiques ou semblables. Le simple verbe « paraître » provoque, dans l'esprit de Colette, et sans doute à son insu, une symétrie phonique qui organise les mots suggérant un décor :

1. Si l'on compte le B, non comme une altération du P, mais comme phonème distinct, nous avons deux séries dont le premier groupe de chaque coïncide dans un premier groupe synthétique :

A B B A C ... C A ... B B A

« Philippe vit paraître, au ras du pré... »
P R TR   R D PR
(T)

(« Le blé en herbe ». Pl.II,1245)

Lorsque l'auteur ne répète pas les mêmes mots, ne peut-il pas, cependant, de façon plus ou moins inconsciente (subliminale, dirait Jakobson[1]) se laisser conduire par les équilibres formels des retours phoniques ? L'hypothèse du linguiste est séduisante en ceci qu'elle ne fait pas, sur ce point, de différence entre la production de l'écrivain et celle, naturelle, spontanée, du peuple ; ou recherchée, par exemple dans une certaine direction, comme celle de la publicité. Pour nous, entre les exemples simples :

« entre les poutres apparentes... » (« Le blé en herbe ». Pl. II,1263)
P TR z P R T

et les structures les plus complexes :

« Dans les rues pavoisées des oisifs badaudent »
waz waz
P Vw Z D- ZwZFBD D
(V)(P)

(« Claudine à l'école » Pl.I,124)

il n'y a pas de différence de nature.

L'euphonie manifeste d'abord des faits de langue, dont les plus grands écrivains, parfois à leur insu[2], ont tiré parti. Ce qu'il nous faut étudier, alors, ce sont les interférences entre les passages lyriques (ceux où manifestement l'auteur a été poussé par une émotion profonde, violente) et les apparitions des structures euphoniques. Nous verrons que les termes sémantiquement lyriques (mots thèmes) parfois s'introduisent dans les séries, ou même en sont la source (schèmes), parfois leur sont extérieurs, voire absents, et le critique doit les impliciter.

---

1. « Structures subliminales en poésie », in « Poétique 7 » (Seuil 1971), p.324, et in « Questions de Poétique » (Seuil 1973), p.280.
2. Sauf Paul Valéry qui avait pris très probablement conscience de ces mécanismes profonds de la création poétique. Il s'exprime en ces termes : *« Ces illuminations verbales très impérieuses qui imposent tout à coup une certaine combinaison de mots, comme si tel groupe possédât je ne sais quelle force intrinsèque... j'allais dire : je ne sais quelle volonté d'existence, tout opposée à la « liberté » ou au chaos de l'esprit, et qui peut quelquefois contraindre l'esprit à dévier de son dessein, et le poème à devenir tout autre qu'il n'allait être et qu'on songeait qu'il dût être. »*(« Au sujet du Cimetière marin ». Pl.I,1499).

Ce que l'euphonie, surtout, remet en question, c'est le rapport de l'écrivain à la langue, et pas seulement les rapports de l'écrivain à sa conscience et à ses intentions d'expression. Nous qualifions cette seule dernière analyse de recherche de style. Le linguiste, cependant, apporte à cette recherche un double environnement : celui de la langue du milieu auquel s'adresse l'auteur (oralement, ou par courrier personnel, ou dans ses publications), et celui des rapports de l'auteur aux fonctionnements profonds de la langue : mécanismes associatifs et structures sonores.

Avant de traiter, dans un prochain chapitre, avec précision, cette analyse nouvelle des rapports de l'euphonie et de la sémantique, et même, comme l'affirme Valéry, de la productivité des mots et des sens par les structures sonores, nous voudrions suggérer, par quelques brefs exemples, un domaine encore peu exploré[1] des ressources euphoniques : celui de la prononciation restituée, pour certains phonèmes, de la langue de l'auteur considéré.

1. Grâce à l'analyse euphonique, nous avons confirmé, pour un vers célèbre de Virgile, (Ibant obscuri ...) que les latins prononçaient toutes les consonnes, et donc ne nasalisaient pas encore la voyelle suivie du N. (Cf M. Gauthier, « Système euphonique et rythmique du vers français » p.64).

COMMENT COLETTE PRONONÇAIT-ELLE ?

La langue d'un auteur est la langue du milieu avec lequel il communique sans chercher à s'en distinguer. Lorsque Colette, enfant, prononçait des « avouènes »[1], elle répétait un fait de langue de son milieu. Lorsque, à Paris, dans un salon, elle a fait le choix d'affirmer ses différences (culture, goût, mentalité, etc.), elle a lancé cette prononciation qui la « marquerait » par rapport à ses interlocuteurs. Ce qui était un fait de langue est devenu un fait de « style ». Les guillemets signifient que nous déplaçons vers l'esprit de l'émetteur (conscience et intention) ce qui, à l'origine, caractérisait la seule langue. La langue écrite n'est pas nécessairement la frontière entre le spontané et le réfléchi : nous avons cité p. 49, note 2 l'extrait d'une lettre de Colette dans laquelle une allitération en S -que le stylisticien peut relever- n'avait probablement pas de signification ni d'importance stylistique pour elle. Mais, même lorsque l'auteur livre à la publication ses ouvrages, et surtout s'agissant de romans ou de récits en prose, nous pensons qu'une part importante de faits de langue demeure subliminale. L'auteur les domine, certes, mais comme des faits évidents, « naturels », presque « spontanés ». Car ils comportent, comme bien des gestes de la vie courante, une grande part d'automatismes acquis. Tel est le cas de la prononciation. Notre intention n'est pas de répéter les études qui ont été faites sur la langue du Fresnois, telle qu'elle apparaît dans la bouche de l'héroïne ou de son milieu, et que l'auteur livre à ses lecteurs. Au-delà de cette étude de style[2], c'est au linguiste, et en particulier à l'euphonicien, que nous demanderons de restituer -de supposer- certains phonèmes de la langue de Colette

Il revient, certes, au stylisticien, de constater l'importance du « e » final du mot « amie » dans une phrase comme celle-ci :

---

1. « Claudine en ménage ». Pl.I,449. (cf p. 17, note 2)
2. Colette manifeste à plusieurs reprises sa conscience du contraste entre la prononciation des gens de son milieu d'origine (et d'elle-même) et celle du milieu parisien : *« J'adore ces tournures locales. Contrastant avec le costume chic, l'accent du terroir vous prend un relief! »*(« Claudine à Paris ». Pl.I,311) *»... je m'enchante de son parler lent, de sa voix câline où, de temps en temps, s'attarde et roucoule un R rebelle. »*(« Claudine en ménage ». Pl.I,433).

« Je n'ai que lui, comme amie de mon âge »

(« Claudine à Paris ». Pl.I,333)

Le lecteur actuel doit faire un effort pour imaginer que, dans cette phrase, l'héroïne ajoutait naturellement la voyelle muette à ce substantif. Un romancier de la fin du XX siècle chercherait sans doute à souligner, par une graphie non orthographique, l'intention de la locutrice. Si Colette ne le fait pas, c'est sans doute que l'humour était assez immédiatement perçu pour que ni la parole ni l'écrit n'exigeassent cette insistance.

En poésie, en poésie classique en particulier, le stylisticien est guidé par la métrique régulière des vers pour discerner la présence ou l'absence de diérèse. Ce n'est pas le cas en prose. Dans la phrase suivante :

« Pâlissement délicieux du ciel qui rejoint la terre »

(« Les vrilles de la vigne ». Pl.I,979)

l'adjectif se prononcerait à quatre syllabes avec certitude si le modèle de vers attendu appelait ce compte ; mais en prose ?

En prose, nous considèrerons que, s'agissant, comme ici, d'une évocation lyrique, ce n'est pas le compte total de syllabes qui fonctionne, mais la symétrie, le retour de formes ou de nombres réguliers. Ici, en l'occurrence, le substantif « pâlissement » présentant quatre syllabes (dans une diction soutenue qui convient au ton lyrique), la même diction appellera la symétrie en nombre de l'adjectif suivant, que l'on entendra donc avec la diérèse : dé-li-ci-eux.

Ainsi, métriquement, l'adjectif « délicieux », comparé au substantif précédent, offre également quatre syllabes : en conséquence, le « i » de l'adjectif n'est pas semi-consonne. En revanche, comparé au syntagme suivant « du ciel », l'euphonie déplace ce point de vue, tout en conservant le principe de retour symétrique. Elle retient l'équilibre sériel suivant dans lequel les deux « i » pourraient fort bien entrer comme semi-consonnes.

délicieux du ciel
DLS - D S L

Sur le problème de la diérèse, donc, l'euphonie ne peut se prononcer que si les groupes constitués exigent la prise en compte des voyelles ou des semi-consonnes (cf p. 48 *« voile ivoire »* et p. 51 *« pavoisées / oisif »*).

Ainsi, dans ce membre de phrase :

(*« Souviens toi ... de ... la pluie sucrée que pleurait ...*)

« ...le chèvrefeuille, et de la chevelure du fenouil »
L Ch VR F j D L Ch VLR D F(N)[1] j
\- -

(« Le voyage égoïste ». J'ai chaud. Pl.II,1098)

la longue symétrie, qui s'appuie sur deux mots de chacun trois syllabes, précédés de leur article, prend en compte le retour de la semi-consonne « j » dans chaque groupe. Un autre exemple permettra de poser la question de la réalisation phonique de certains phonèmes, en particulier des consonnes de liaison. Soit la phrase suivante :

« (...) aigretté de graines vertes et d'abeilles vibrantes »

(« La retraite sentimentale ». Pl.I,943)

Le S de liaison entre l'adjectif « vertes » et la conjonction de coordination « et » peut être effectivement prononcé ou non selon que l'on a affaire à un registre de diction soutenue (qui convient, généralement, à un texte littéraire et de qualité « poétique », comme celui dont est extrait ce passage), ou une prononciation de communication quotidienne qui omet, au contraire, cette consonne[2]. Comme les structures euphoniques se situent au niveau subliminal, elles se fondent sur une « conscience » profonde de la langue[3]. La réalisation (la prononciation orale) de cette liaison relève alors d'un effort particulier et conscient, donc un effet de style.

Considérons les deux syntagmes suivants :

« ... aigretté de graines vertes et d'abeilles vibrantes »
GRT - D GR/ VRT D B - VBR T
(z) ___ (-D) (-z)

Ils s'organisent en deux séries successives. La seconde présente une diminution (-D) à son second groupe, diminution qui n'est d'ailleurs pas totale : le T du mot « vibrantes » est l'image sourde de la consonne absente. Cette diminution doit s'alourdir d'un « z » si l'on veut équilibrer la présence de celui que demande la diction soutenue. En omettant ce « z » de liaison, l'euphonicien se conforme à la logique formelle du système. Il distingue,

1. Cette consonne supplémentaire (N) s'appelle une variation. Cf « Système euphonique et rythmique du vers français », p.143-144 (5.4.1) Notre premier ouvrage analysait exclusivement les séries dans le cadre des vers. Toutes les figures décrites se retrouvent naturellement ici.
2. Le S de liaison est réalisé normalement à l'intérieur d'un syntagme. Il se situe ici entre deux syntagmes
3. « la langue », définie comme le moyen verbal de communication quotidienne d'un locuteur avec son milieu habituel

dans la conscience de l'auteur, la langue qui, ici, devait omettre cette liaison, du style qui, en la réalisant, aurait appelé le retour de cette même consonne « z » dans le second groupe euphonique.

Pour le phonéticien, cette phrase « sonnait » donc, dans l'esprit de Colette, sans la liaison « ...graines vertes (zé) d'abeilles... ». Ce même niveau de prononciation, non stylistique, lui faisait aussi, sans doute, faire l'économie du e muet final des mots « graines » et « abeilles ». Dans le cas contraire, d'une prononciation « stylistique », les deux consonnes d'appui finales de ces mots (N/j) devraient entrer dans les groupes euphoniques sous le nom de « substitutions »[1].

Il existe, sur un autre point et pour une autre consonne, un exemple opposé. Nous rappelons au préalable la remarque que certains groupes réduits, de deux à trois consonnes généralement, ont tendance à en attirer une autre, assez spécifique pour suggérer que, à l'instar des « modes musicaux », les quatre ou cinq timbres ainsi réunis réalisent un ensemble permanent appelé « schème »[2]. Ainsi les trois phonèmes LMR nous semblent attirer fréquemment la dentale (sourde ou sonore, T ou D). Par exemple, le mot « MER », précédé de son article, fonctionne comme un schème qui construit la série :

« le murmure de la mer... » (« L'Entrave ». Pl.II,444)
LMRMR D LMR
\+

le D fonctionnant alors comme pivot entre les deux groupes.

Cependant, le verbe suivant (« retirée ») suggère que le T, qui fait partie de ses consonnes, sert d'équivavalent à ce D supplémentaire :

« le murmure de la mer retirée... »
L MRMR D L MRRTR
\+ +

les deux groupes de la série se succédant alors sans interruption.

Ensuite, l'apport sémantique de ce verbe, qui évoque la marée basse, attire associativement l'image d'une plage. Et le fonctionnement phonique dans l'esprit de l'auteur lui fait écrire successivement deux mots qui commencent par la même syllabe :

1. « Système euphonique et rythmique du vers français », p.146-148, (5-4-3).
2. Cf p. 41 : groupes vocaliques ou consonantiques privilégiés sur la base desquels s'organisent des séries chez certains auteurs ; ces « modes » (vocaliques) ou « étymons » (consonantiques) sont souvent sources de « thèmes »

...*« la mer retirée aux confins d'une plage plate »*

comme si le mot « plage » contenait paronomastiquement le concept de « platitude ». Ce concept, l'auteur s'efforce de le dégager, en répétant cette syllabe, et en l'extrayant du mot précédent.

L'exemple suivant nous permettrait simultanément de confirmer la probabilité de la généralisation de ce groupe privilégié LMRT (que nous avons appelé « étymon »[1]. Et, par ailleurs, grâce à ce nouvel exemple, nous posons la probabilité que, dans l'esprit de Colette au moins, la consonne T de liaison était réalisable :

« et mêlait à la mer un lait immatériel » *« Le blé en herbe ».Pl.II,1216)*
ML T L MR - LT M TRL
- - +

Le dernier mot illustre notre première remarque. Ce mot, qui contient déjà la consonne T, pouvait, certes, se passer de la réalisation du T final de liaison du mot « lait ». En revanche, le T final du verbe « mêlait » est, euphoniquement, indiscutable.[2] Cette réalité permet de poser comme probable la seconde liaison que nous venons d'évoquer.

Faisons, avec ce même exemple, un pas de plus. Le lecteur, à présent sensible aux oscillations, particulièrement vocaliques, aura pu noter celle qui accompagne le premier groupe de la série consonantique que nous venons d'étudier : è-è-a-a-è

« et mêlait à la mer un lait immatériel »
(é) è è a a è (un) è (i) a é è
==== ====

La nasale de l' article indéfini marque l' articulation d'une série vocalique au même point de la phrase que la série consonantique.

Les quatre timbres du premier groupe (é-è-a) sont augmentés, dans le second groupe, d'un « i » qui semble bien faire « fausse note ». Supposons que ce second groupe soit une mini-série imbriquée[3] dans la précédente, avec, comme pivot central, la voyelle « a ». Le « i » du premier groupe (è-i) a nécéssairement comme correspondant la voyelle fermée « é » du second groupe : le « i » est en effet la voyelle d'avant la plus fermée (altération i/

1. Cf. infra P. 48 note 0
2. Attesté déjà dans l'oral un peu soutenu, que gêne l'hiatus des voyelles successives, ce T est nécéssaire dans le premier groupe où il est unique.
3. « Imbrication » : voir glossaire in fine.

é)[1]. S'il en est ainsi, la dernière voyelle ouverte « è » du second groupe attend comme équivalence euphonique que le lexème « lait » du premier groupe soit prononcé avec un « è » ouvert, également.

« un lait immatériel »
è i a é è
\+ +

Nous en concluons donc que Colette prononçait « du lè »[2] (du lait) contrairement à la réalisation « lé » (fermé) attestée dans d'autres provinces.

C'est également de la superposition de deux séries, consonantique et vocalique, que nous supposerons une réalisation de la même voyelle, dans la même syllabe, écrite tantôt « May » (prénom féminin) tantôt « mais » (conjonction de coordination). D'abord la série consonantique :

"(Séparée de Jean par) May, gisante, mais agitée"
M J Z T M Z J T

(« L'Entrave » Pl. II,363)

Il y a coïncidence remarquable et très perceptible entre les syntagmes et les structures euphoniques consonantiques. Du point de vue vocalique, en conséquence,

May gisante, mais agitée
è i an è a i (é)
\+ + (an)

l'oreille du lecteur aura tendance à aligner sur le même timbre les voyelles appartenant à la même syllabe, s'appuyant sur la même consonne explosive (mè).

Cette analyse suppose que la conjonction est prononcée avec la voyelle è (ouverte) ; et cet exemple seul ne permet pas de l'affirmer. Le linguiste aura alors recours, soit à une recherche généralisée dans tout le corpus, toujours avec l'euphonie comme méthode d'exploration, soit, et à titre complémentaire, de toute façon, à l'enquête « sur le terrain » (à St Sauveur) en supposant que la prononciation actuelle du Fresnois n'a pas évolué et que telle était bien celle de l'auteur.

---

1. Cf « Système euphonique et rythmique du vers français », p.149, (5-4-2-2).
2. Cf A. Martinet, « La prononciation du français contemporain 1945 ». Genève, Droz 1954. 2 édition 1971.

Il faut en effet se méfier de l'évolution de la prononciation d'un même mot. Cette évolution est attestée, par exemple, pour le mot « plaid » par deux dictionnaires. Le « Larousse universel » de 1949 indique la prononciation « le plé » (avec é fermé), et le « dictionnaire du français moderne » indique que le « d » final est sonore, précédé d'un « è » ouvert. Comme il ne s'agit pas d'un mot du Fresnois, mais un terme que Colette a acquis probablement à Paris, deux hypothèses restent possibles : soit l'écrivain a pris contact pour la première fois avec ce mot écrit, soit Colette l'a entendu prononcer. Dans ce dernier cas, ce mot a dû entrer dans la langue avec la prononciation de ses interlocuteurs. Dans le premier cas, il y a des chances pour qu'elle ait fait sonner le « d » final. Qu'en pense l'euphonicien ? L'hypothèse euphonique -celle de l'équilibre des groupes de phonèmes- s'appuie sur des exemples, au moins un (pour commencer l'enquête).

Dans « La Vagabonde », d'un équilibre syllabique (PLwa-PwaL),

« je déploie le plaid en poil de chameau »

wa wa

PL L PL P L

(« La Vagabonde » III partie. Pl.I,1196)

on peut extraire une série, dont le premier groupe forme une oscillation ABBAB. Mais on remarque aussitôt que la consonne D, avant le premier groupe et à la fin du second, vient enrichir le nombre de timbres de cette série qui passe de deux à trois.

D PL L PL P L D

Or le mot « plaid » est en position prévocalique favorable à la prononciation de son D final comme consonne de liaison. L'euphonicien peut déduire, de cet exemple, que cette structure, dans l'esprit de Colette[1], a pu fonctionner en ajoutant cette consonne de liaison à l'un ou l'autre groupe[2].

D PL L PL D P L D

Nous terminerons ce rapide tour d'horizon par la prononciation (ou la non réalisation) du C final de certains mots, toujours en position de liaison.

---

1. Il s'agit bien d'une structure subliminale, donc primaire. Au contact d'autres milieux, le locuteur peut très bien « se surveiller ». Le « style » n'est donc pas nécessairement l'affirmation d'une originalité face à un milieu senti comme différent. Colette a également fait preuve de conscience, de réserve, de retenue, en calquant sa phonétique sur le milieu parisien.

2. D'autres occurrences de ce mot, hors euphonie (cf « Les vrilles de la vigne ». « Jour gris ». Pl.I,973 et 976) ne permettent pas de confirmer ou d'infirmer cette interprétation

Nous nous souvenons que, dans notre enfance, nos maîtres nous faisaient chanter ainsi ce passage de l'hymne national français :

« Marchons ! marchons ! qu'un san - guimpur abreuve ... »

Le même mot « sang », chez Colette, se trouve devant une voyelle dans l'extrait ci-dessous :

« les carrelets éclaboussés d'un sang indélébile »
S D S

(« Les vrilles de la vigne ». Partie de pêche. Pl.I,1049)

La première impression pourrait être « allitérative » (en S) ; sont perçus équivalents les phonèmes L,K,A,(é-è) des deux premiers mots. L'analyse plus profonde révèle que le reste de la phrase construit une série à cinq phonèmes consonantiques, manifestant la présence, du moins dans l'esprit de l'auteur, du G final de liaison :

(les carrelets) éclaboussés d'un sang indélébile
KLB S D S (-) DLBL
K G

Ne pas compter ce G exigerait, pour l'euphonie, d'amputer de sa première consonne le premier mot du premier groupe. Ce qui est toujours possible ; mais, même subliminales, ces structures sont plus aisément réalisées et perçues lorsqu'elles sont intralexémiques.

Un phénomène semblable se produit avec le verbe convaincre à la troisième personne du présent de l'indicatif. Il s'agit cette fois d'une série à trois groupes de cinq consonnes. En général, les séries, surtout à plus de quatre timbres, sont à deux groupes. La ponctuation, d'ailleurs, coupe fortement la diction après le second groupe, qui est complet, sans qu'il soit utile de soulever le problème qui se posera ensuite :

```
"le mot qui rassure, la caresse qui convainc,..."
 L  M   K   R S  R   L  K R S   K   K V
    M                               V    (*)
```

(« L'Entrave » Pl.II,442)

Chaque groupe euphonique coïncide avec la coupe syntagmatique marquée par une virgule. La seule irrégularité consiste dans la substitution[1] par la consonne V, ajoutée à la fin du second groupe, pour équilibrer le M interne

1. L'équivalence des deux consonnes différentes phonétiquement s'appelle une substitution. Cf. « Système euphonique et rythmique « p.146, 5-4-3

et supplémentaire du premier groupe. Cependant, cette série accepterait un troisième groupe, après la seconde coupe (marquée également par une virgule), grâce au syntagme suivant (« et les serments ») dont quatre consonnes (L S R M) reproduisent celles du premier, dont, justement, le M qui a été substitué par défaut au second groupe. Il manquerait alors le K, présent au premier et au second groupe, si l'on ne comptait, au-delà même de la coupe de la virgule, la réalisation de la consonne finale de liaison, du verbe « convaincre » :

« le mot qui rassure, la caresse qui convainc, et les serments... »

L M K RSR LKRS K KV K L SRM

M - - V - M

Cette présence d'un troisième groupe « potentiel », dont la première consonne ne pouvait être réalisée, pour des raisons de diction et de respect de la ponctuation, manifeste l'analyse en deux niveaux que nous proposons de la création poétique, et littéraire en général. Sous le niveau du choix conscient, stylistique, et « en amont » de celui-ci, des structures langagières se proposent à l'esprit. Ce sont des « modèles » avec lesquels coïncident les « schèmes » (vocaliques ou consonantiques) de certains mots. L'auteur, bien sûr, est libre de choisir, ensuite, selon son goût et ses intentions expressives et sémantiques, le mot qu'il préfère. Dans ce dernier exemple, il nous apparaît que la structure euphonique profonde se discerne nettement ici sous la structure syntaxique que souligne la ponctuation.

Ce chapitre n'a pas d'autre prétention que de poser des problèmes et d'ouvrir des pistes de recherche. Le témoignage des contemporains, les preuves données par les enregistrements de la voix de l'auteur, devraient apporter des renseignements importants. Sans oublier, toutefois, que la personne qui se sait observée passe de la langue au style, c'est-à-dire du spontané à la norme (supposée venant des autres ou imposée par le locuteur aux autres). Les enregistrements d'informateurs contemporains (ou de descendants, en milieu rural où le parler évolue moins) de l'auteur pourraient également nous donner des renseignements utiles. Ce que nous avons voulu montrer, c'est que l'euphonie, par sa structure équationnelle en particulier dans les séries, propose des équivalences de timbres et appelle à la réalisation orale ou, du moins, à l'existence mentale (dans l'esprit de l'auteur) de certains timbres, tant vocaliques que consonantiques.

CONSEQUENCES STYLISTIQUES DE L'EUPHONIE

Après avoir étudié l'euphonie sous plusieurs facettes, mais de façon toujours statique, nous allons à présent considérer plus dynamiquement les conséquences de leur existence, toujours à partir de la prose de Colette. Le lecteur familiarisé avec notre précédent ouvrage, auquel nous nous sommes souvent référé, connaît le concept d'étymon. Il s'agit de phonèmes qui se trouvent volontiers réunis, s'appellent l'un l'autre comme les notes d'une gamme (dans la musique occidentale de référence). Ces groupes sont susceptibles de se réaliser dans des mots qui forment la base lexicale et lyrique d'un auteur donné. Le même étymon peut donc produire, chez un autre auteur, une liste lexicale assez distincte. Ceci, compte non tenu des groupes infralexémiques et translexémiques.

Notre analyse va nous conduire à distinguer encore deux notions : les MOTS THEMES et les MOTS SCHEMES.

Le mot thème (ou, simplement, le « thème ») d'une phrase est le terme lexical qui sert de « noyau » à un prédicat (généralement un terme lexical référentiel). Ainsi, le mot « drap » dans le membre de phrase suivant :

« je n'aime déjà plus le drap fin... »

(« Le voyage égoïste ».J'ai chaud. Pl.II,1098)

En revanche, le schème est le groupe de sons (ou étymon ponctuel) reconnaissables dans un mot qui paraît être à l'origine, à la fois formelle et sémantique, d'une série.

En raisonnant en termes d'allitération, on peut se demander, des trois mots suivants, lequel a été posé sémantiquement en premier, entraînant avec lui les deux autres qui partagent la même initiale :

« le drap fin et froissé, si frais tout à l'heure... »
F F F

Il est difficile de discerner, sémantiquement, lequel de ces trois mots a eu, dans l'esprit de l'auteur, la priorité, et entraîné les deux autres à cause de la seule identité de la consonne initiale. Nous supposerons que ce fut le premier adjectif, dont la qualification est plus référentielle que celle des deux autres, plus relative : on choisit un drap à cause de la finesse de la toile dont il est fait. En réalité, la perspective euphonique, dépassant l'allitération, découvre dans les mots « froissé » et « si frais » deux groupes qui font du second « l'image en miroir » et l'écho sonore du premier. L'allitération n'en est que (mais « est ») l'amorce. Le syntagme posé par le verbe (« le drap ... froissé ») évoque sémantiquement l'insomnie. Mais cette insomnie, suggérée par la métonymie (de la cause aux conséquences) est contredite par l'image de fraîcheur que l'allitération propose avec l'adjectif « frais ». Colette va donc rejeter dans le passé (« si frais tout à l'heure ») cette évocation. Or, la formule temporelle même, (« tout à l'heure ») est un écho sonore du mot-thème (drap) qui commençait la phrase :

```
"le drap fin et froissé, si frais tout à l'heure..."
 L  DR   F        FR   S   S  FR    T    T  L    R
         -------------     -----
                                    D    D
```

Le syntagme-thème « le drap » coïncide donc avec le schème permettant à un prédicat causal de modifier (« tout à l'heure ») une métonymie (insomnie) produite par un premier schème à base allitérative (« froissé », « fin »). On voit, par cet exemple, comment l'esprit passe du sémantique au formel, puis, de celui-ci, à nouveau, au sémantique. La suite pourrait être dépourvue d'euphonie. Mais on peut parier que, tant que l'intention d'expression de l'auteur conserve des sens informulés, ces sens chercheront, pour accéder à leur réalisation, des formes ; et que ces formes serviront, si peu que ce soit, d'écho aux formes précédentes. C'est le cas ici, dans la fin de la phrase :

```
« si frais tout à l'heure à mes talons nus »
           T   T  L             TL
```

où le mot « talons » est un écho partiel du syntagme « tout à l'heure ».

De la sorte, plusieurs lexèmes référentiels (désignant des objets) peuvent servir de pivot à une production sérielle, à la fois thèmes et schèmes. Dans les deux synthèmes : « les doubles rideaux »,

```
(L  D  BL  RD
 +  =  +   =
```

l'esprit de la romancière -même si ce fut de manière subliminale- a pu constater les consonnes répétées deux fois (D,L). La poïétique, c'est d'abord la transformation de cet ensemble dissymétrique en une série :

BR(L)-LD BL RD

« ... le soleil qui brûle les doubles rideaux... »[1]

(« L'Etoile Vesper ». La Guilde du Livre. Lausanne 1955, p.101)

Les consonnes (B,R) n'apparaissaient qu'une fois. Ces dernières, associées à certaines des premières, vont générer le mot image : « brûle ». L'expérience quotidienne a fait le reste. S'il ne s'était agi que de voilages, de rideaux simples, l'absence des consonnes DBL aurait détruit totalement cette série.

Il en est de même pour certains plafonds,

« aux poutres apparentes » (« Le blé en herbe ». Pl.II,1263)

P TR z P R T

Le thème serait donc, selon nous, préférentiellement porté par un synthème (doubles rideaux), ou lexème (poutres) ; alors que le verbe, l'adjectif, servent à compléter la série à partir du schème que proposait le synthème :

"sa chemise de nuit chaste, manches longues..."

S Ch M Z D (n) Ch ST M Ch

« La maison de Claudine »
(Ma soeur aux longs cheveux. Pl.II,1014)

Mais on assiste parfois à un regroupement des phonèmes sur un seul mot, adjectif :

"...par un doux temps breton..." « Le blé en herbe » (Pl.II,1216)

(P R) (D) (T) (BR T)
P D

ou, au contraire, à une dispersion -du verbe- vers un syntagme circonstanciel :

« Philippe va paraître, au ras du pré »

(PR TR) (R) (D)(PR)

« Le blé en herbe » (Pl. II,1245)

La ressemblance phonique, qui propose au sens de s'orienter dans une direction insolite (laquelle, donc, « fait image » et appelle la réflexion du stylisticien) relève parfois de la rime :

« La grêle cruelle aux rosiers »

« L'Etoile Vesper » (Guilde du Livre. Lausanne 1955, p.101)

---

1. La prononciation, « restituable », aboutit à un allongement du L (et non à la double articulation), simplifiant l'équilibre sériel

Le schème consonantique GRL / KRL est, en effet, complété par la présence de la même voyelle à la même position[1]. A notre sens, cette métaphore qui personnalise (par l'adjectif) un élément météorologique, est une conséquence de la morphologie de ce lexème qui désigne cette réalité atmosphérique.

Ailleurs, presque coup sur coup, Colette se livre à un jeu d'assonances et d'allitérations[2] en parlant des longs cheveux que son héroïne sacrifie dès son arrivée à Paris :

« Oh ! les pauvres copeaux coupés... »[3]
o Po Po K P
(o - e - o-o)
(K P K P)

« Claudine à Paris » (Pl. I,235)

et à une variation schématique sur le mot « chagrin », qui caractérise, à ce moment, le sentiment de déracinement et de dépersonnalisation de l'héroïne, sentiment matérialisé par ce sacrifice capillaire :

« J'ai un gros chagrin rageur »

« Claudine à Paris » (Pl. I,235)

L'adjectif « gros » est, certes, employé couramment avec le substantif « chagrin »; il suggère alors plutôt un chagrin d'enfant que l'adulte ne prend pas au sérieux. Cet adjectif marquerait donc la distance que prend l'auteur à l'égard du sentiment éprouvé par son héroïne ; distance confirmée par l'adjectif « rageur » qui s'appliquerait à la colère, incomprise par l'adulte, d'un enfant.

A cette analyse stylistique se superpose cependant la constatation que la présence du mot thème « chagrin » est entourée en écho euphonique des autres mots ou syntagmes :

« J'ai un gros chagrin rageur »
J GR ChGR R J R (-G)

1. La rime, même classique, supporte la différence de longueur du même timbre vocalique, ainsi que l'appui tantôt sur une consonne, tantôt sur une diérèse.
2. Ce que l'euphonie traduit en deux oscillations en relais, comme nous l'analysons à la suite.
3. « Cheveux » est le thème (terme référentiel) tandis que l'adjectif « coupés » est le schème, qui a engendré dans l'esprit de Colette le mot « copeaux ». Le résultat stylistique est une métaphore (l'esprit du lecteur doit produire les « sèmes » communs aux deux mots « cheveux » et « copeaux » : rubans de matières souples et plates, allongées, arrondies ... de couleur dorée.. que l'on peut séparer d'un ensemble par un instrument coupant...).

L'insistance euphonique des consonnes qui entourent en écho le mot-thème « chagrin », en en faisant un schème euphonique, contredit cette apparente distance que prend l'auteur à l'évocation du sentiment de la fillette blessée qu'elle a été.

La sensibilité euphonique permet même de distinguer, dans une même phrase, deux élans créateurs successifs, appuyés l'un sur les voyelles, l'autre sur les consonnes :

« ...avec l'élan brillant du serpent qui se délivre »
(a)è - é-an - i -an (u) è -an - i-(e)-é-i ( )
========

« La Vagabonde » (Pl. I,1194)

L'oscillation (an-i-an) du premier groupe est-elle l'origine de la série ; ou bien le « schème » du « serpent qui se délivre » (è-an-é-i) n'a-t-il pas, au contraire, engendré par rétroaction les voyelles sur lesquelles sont construits[1] les termes métonymiques : « l'élan brillant »[2])(é-an-i) ? L'oreille euphonique perçoit ensuite, toujours sur le plan vocalique, une rupture, car le membre de phrase suivant utilise d'autres timbres :

« ... du serpent qui se délivre[3]/ de sa peau morte »
è- an - i- e- é-i / e- a - o - O

C'est à ce moment que l'euphonie consonantique permet de montrer que le « thème » du serpent est à la fois schème vocalique rétroactif et schème consonantique et préactif. Les mots « peau morte », qui fonctionnent comme « thème complémentaire », partagent avec le thème principal deux consonnes(R,P)[4]. Le rôle de la syntaxe est donc d'apporter au sens les outils linguistiques qui unissent les concepts entre eux, mais aussi de combler les lacunes des séries euphoniques :

« du serpent (qui se délivre) de sa peau morte »
D SRP D S P (M)RT
- - P -

1. Cette analyse n'annule aucunement l'expérience personnelle que Colette, enfant, dans les bois qui entourent St Sauveur, a pu faire de cette mue ; mais d'autres mots auraient aussi bien traduit cette expérience.
2. Métonymie par application de l'aspect du corps de l'animal (brillant) à son mouvement (élan).
3. Le second groupe de la série vocalique (qui répète les voyelles du premier groupe) suffit pour indiquer le contraste avec les voyelles suivantes.
4. Ainsi que la bilabiale M qui, par l'articulation, est identique au P.

Le syntagme « qui se délivre » n'est pas utilisé par la série consonantique, mais on a vu qu'il a participé à l'établissement de la série vocalique. Il unit, de plus, syntaxiquement, le mot-thème aux sous-thèmes.

Un autre exemple, particulièrement probant, de la rétro-action du phonique sur le sémantique, est le double sens que peut prendre un même mot selon le contexte syntaxique auquel il est rattaché. Ainsi, le verbe « briller », qui s'emploie tout d'abord en parlant d'objets, et qui va prendre le sens d'« attirer l'attention » (par l'attitude, les paroles, en parlant de personnes) : « briller » en société. Dans l'exemple ci-dessous :

> *« ... trois commis voyageurs qui ... viennent ...*
> *faire briller pour nous leurs bagues et leurs blagues... »*
> LoeR BaG - LoeR BLaG
>
> (« Claudine à l'école ». Pl.I,124)

La double paronomase (la double série consonantique et vocalique) est le « support » formel de cette catachrèse.

Les mots-thèmes (soulignés) ont simultanément engendré une association sémantique (faire briller - attirer l'attention sur - leurs bagues) et une association formelle (schème de la série). Le second groupe, attiré par ce schème (très riche, consonantique et vocalique : c'est une paronomase en deux mots), s'allie à son tour au verbe briller, en lui donnant rétroactivement son sens métaphorique. Colette finit d'ailleurs sa phrase en développant ce second sens : *« car ils trouvent charmant de lâcher d'énormes inconvenances »* (devant un pensionnat de jeunes filles).

L'euphonie est un procédé formel d'analyse, qui peut se mettre à l'écoute aussi bien du jeu de mots que de l'expression poétique. Au bord de la mer, Colette est prise de la nostalgie de son Fresnois, et elle rêve à ce *« petit chemin que je connais, jaune et bordé de digitales d'un rose brûlant... »*. Elle évoque aussitôt :

> *« le chant bondissant des frelons fourrés de velours... »*
>
> (« Les vrilles de la vigne ». Jour gris. Pl. I,975)

Le mot thème a servi de schème FRL/VLR pour faire défiler dans l'esprit de l'auteur une liste associative de mots parmi lesquels elle a choisi celui dont le sens évoquait l'aspect de l'insecte. Dans un second temps, il fallait lier syntaxiquement ces deux mots (habillés de ... vêtus avec ... couverts de ... ?). On voit qu'à chaque pas, l'esprit de l'auteur lui offre (spontanément sans doute, et donc inconsciemment) une liste de mots à sens équivalents. Et, simultanément, son choix peut être influencé par le besoin de réaliser des séries. Parmi les constructions syntaxiques possibles, celles qui utilisent la préposition « de » seront favorisées : (vêtus de, couverts de, habillés de, fourrés de ...) car la consonne de cette syllabe rappelle celle de la construction du début de la phrase, « (le chant)...des frelons ... de velours ». Le verbe « fourrer », dans son sens premier (garnir, envelopper de fourrure) permettait particulièrement bien d'introduire le mot suivant : « velours ». Précisons que ce verbe, par sa construction, équilibre le début de la série :

« .... des frelons fourrés de ..... »
D FR(L) F R D

Plus le ton de l'auteur se place dans le lyrique, plus il y a de chances pour que les schèmes s'imposent dans et hors des thèmes. Ainsi, dans les deux exemples suivants, le silence et la nuit sont complétés respectivement par les adjectifs « sylvestre » et « ruisselante »[1] qui sont les véritables schèmes des séries qui les contiennent :

« ... je descendais vers ce silence sylvestre... »
D S D V R S SL S SLVSTR
D

(« La chambre éclairée ». La Nuit paisible. Pl.II,911)

Cet adjectif résume tout le groupe précédent. Sauf la consonne S répétée, ce groupe est la « résolution »[2] du précédent. De plus, le lyrisme de Colette se concentre plus encore par la superposition d'une série vocalique

je descendais vers ce silence sylvestre
e- è- an-è - è - e- i an-e- i- è

dont la résolution du second groupe se concentre pratiquement sur les deux mots, thème et schème, réunis dans ces deux fonctions de l'euphonie vocalique. Quant au mot « nuit », très porteur de lyrisme ou d'affectivité, ses trois phonèmes (dont une semi-consonne) se prêtent peu à un long développement phonique. Aussi, c'est un adjectif limitrophe qui va prendre la relève dans sa fonction de schème :

```
"cette nuit ruisselante de rosée"³
 S  T (N)   R  S (L) T  D  R Z
--------------------  ------->...
                        T    S
```

« La retraite sentimentale » (Pl. I,953)

---

1. Colette utilise les adjectifs, en fait, pour résumer le décor (référentiel) qui emplissait son esprit au moment où elle écrit ces phrases

2. Michel Gauthier, « Système euphonique et rythmique du vers français », p. 137 sq, (5-3-2).

3. On remarquera la reprise, en deux mots successifs, presque de la même syllabe comportant la semi-consonne et la voyelle « i » : nuit - rui(sselante)

Tout se passe comme si cette fin de phrase se découpait en deux groupes euphoniques dont le second (*« de rosée »*) reprendrait en sonores les consonnes S et T deux fois présentes dans le premier. Mais on voit que ce second groupe est amputé des consonnes des mots thèmes : la nuit. Nous assistons alors à un phénomène que nous n'avons pas encore rencontré : dépassant non seulement les frontières lexémiques (disons, en gros, des mots), mais également les limites des phrases (ici, le point), l'euphonie va empiéter sur la phrase suivante avec un mot dont les phonèmes complètent le dernier groupe euphonique de la phrase précédente, et en font partie :

```
"cette nuit ruisselante de rosée...C'est l'haleine..."1
 S  T  N    R  S  L  T  D  R Z / S        L  L  N
                        T    S
```

En revanche, et pour marquer -parfois- la plus grande liberté fondamentale de l'euphonie à l'égard des termes lexicaux (lexèmes), une partie seulement du mot thème (ci-dessous le mot *« vacarme »*) peut être active dans la série, dont le schème (infralexémique) est seulement VKR :

« Un vacarme creux couvre leur plainte... »
- V K R(-) KR K VR - -

« L'Ingénue libertine » (Pl.I,700)

Il s'agit du tonnerre dont les échos redoublés -empiétant l'un sur l'autre- couvrent la plainte des arbres dans le vent.

Cette étude stylistique et poïétique peut même être développée en distinguant plus encore le sémantique des structures euphoniques. D'abord, en considérant les structures qui n'englobent pas le mot thème, auquel le schème sériel est totalement extérieur. Ensuite, en évoquant des idées, des images, des mots, auxquels pense l'auteur sans seulement les écrire, ni à l'intérieur, ni à l'extérieur des séries présentes : nous nous demanderons en quoi ces structures matérialisent les termes qui restent implicites.

1. Le lecteur est déjà accoutumé à ces chevauchements transsyntagmatiques ; il trouvera en très grande quantité des exemples dans lesquels l'euphonie ne coïncide pas avec les limites des groupes fonctionnels (synthème, syntagme nominal, syntagme verbal...) : par exemple p. 40 :*« rat, gratta la terre en trottant »* ; p. 60 : *« la caresse qui convainc, et les serments »* ; ou p. 72 : *« grotte d'ogre, où niche... »*. L'enjambement syntaxique (souligné par la ponctuation) n'est que la forme la plus visible des chevauchements euphoniques sur les euphonèmes de deux syntagmes successifs

Enfin, il sera utile de nous demander si, sur certains « archithèmes », dont les thèmes dominent dans toute l'oeuvre, on constate des formes permanentes.

THEMES EXTERNES ET ARCHITHEMES

Nous avons vu, au chapitre précédent, que certains mots thèmes (de prédicats) pouvaient n'être que partiellement engagés comme schèmes porteurs d'une série. Cela se produit lorsque le thème est un mot bref, monosyllabe : la série s'appuie alors sur un qualificatif de ce thème :

« ma faim féroce te faisait sourire »
F - FR S F Z S R R
S

« Les vrilles de la vigne » (Nuit blanche. Pl.I,971)

Le thème « faim » est un monosyllabe, et l'adjectif offre, avec ses consonnes complémentaires, le schème de la série.

Les consonnes du thème peuvent aussi n'être que partiellement engagées dans le schème sériel :

« les brodequins lacés que blessent les cailloux »
L B(--)K L S K BLS L K

« Claudine s'en va » Pl.I,643)

Un cas particulier pour le linguiste est celui des mots : « un jet d'eau ». En principe, selon Martinet[1], ce sont quatre monèmes distincts, puisque l'on peut associer à l'un d'eux, séparément des autres, un qualificateur :

« un jet cristallin d'eau salée »

« La maison de Claudine » (La noisette creuse. Pl.II,1082)

Pourtant le mot « jet » seul en arrive à désigner, sans explicitation autre, de l'eau, les deux termes lexicaux faisant une sorte de redondance. De toute

1. André Martinet, « Syntaxe générale ». Armand Colin, col. U, 1985, p.37 :
« On appellera synthème un signe linguistique que la commutation révèle comme résultant de la combinaison de plusieurs signes minima, mais qui se comporte vis-à-vis des autres monèmes de la chaîne comme un monème unique. »

façon, l'euphonie laisse, ici, totalement à l'extérieur le premier monème lexical (« jet ») et utilise un schème fondé sur le second syntagme (« d'eau salée »), ne prenant en compte qu'une partie de l'adjectif « cristallin » :

« (un jet) cristallin d'eau salée »
(kr)ST L D S L

Voici à présent des exemples de l'indépendance complète des mots thèmes par rapport aux séries formées de mots qui les déterminent. Le mot « nuit », par exemple, précédemment inclus dans un groupe, mais délivré par un adjectif schème, est, à présent, extérieur au schème qui le caractérise :

« La nuit rassurante resserre autour de moi... »
R S R T R S R T R

« La retraite sentimentale » (Pl.I,952)

La série consonantique matérialise en quelque sorte les liens qui relient la locutrice (présente dans les deux derniers mots) à la nuit.

Le mot « bouche », avec son initiale fermée (bilabiale), sa voyelle d'arrière et sa consonne finale, se prête très mal à l'évocation d'une entrée grande ouverte, gardée par des dents menaçantes. L'esprit de Colette va disposer, autour d'une autre voyelle, des consonnes plus « agressives » :

« Sa grande bouche - grotte d'ogre, où niche... »[1]
GR D GR T D GR
(O- e - O- e)[2]

« Les vrilles de la vigne » (La dame qui chante. Pl.I,1037)

A l'inverse, les mots thèmes « fruit » et « suc » sortent, de part et d'autre, de l'action décrite par le schème PRS :

« Comme un fruit pressé répand son suc »
PR S R P S

« Le blé en herbe » (Pl.II,1234)

Le divorce entre le mot thème, porteur du sens central du prédicat, et l'insistance que présente un schème à s'imposer à travers tous les mots du

1. Le lecteur aura noté l'écho que forme la consonne finale de ce verbe avec le substantif thème et la voyelle de l'adverbe de lieu avec celle de ce substantif.
2. L'oscillation vocalique n'est que (O-e-O) si le « e » muet final, au-delà de la virgule, est absorbé dans la voyelle « ou ».

même paradigme formel, éclate dans l'exemple suivant où le mot « nez », tout en étant interne à la phrase, est exclu, en fait, de la série :

« la courbe de son nez brusque et busqué, presque rapace »
K RB (D) S BR SK B SK PR SK RPS
(+D) (-R) B B (-K)

(« L'envers du Music-hall ». En tournant. Pl.II,251)

Autre divorce, plus étonnant peut-être : le mot « craquement », qui semble tout désigné pour cumuler le schème et le thème, voit la série le dédaigner en faveur du syntagme « planchers anciens » qui ne semblait pas prédisposé à l'évocation allitérative d'un bruit :

« Les craquements des planchers anciens qui ployaient sous les pieds »
PL (Ch Z) Sj (K) PL j S L Pj

(« Duo ». Guilde du Livre. Lausanne 1955, p.34)

Une intéressante description des chardons bleus que l'auteur découvre sur une plage montre que ces mots thèmes sont négligés au profit, d'abord d'une allitération (de surface, à base de F), et surtout d'une série à quatre phonèmes (DFLR) :

« le feuillage de fer et la fleur de flamme des chardons bleus »
LF .... DFR L FLR DFL ....

(« Le Voyage égoïste ». Quatre saisons. Pl.II,1130)

Poussons un peu plus loin notre recherche. Le mot thème pourra être assez éloigné du schème et de la série pour n'être plus qu'implicite. En prose, il est courant de trouver ce mot dans la même phrase ; ainsi, nous avons dû préciser tout à l'heure que l'exemple :

« un vacarme creux couvre leur plainte »

faisait allusion au tonnerre, qui est cité immédiatement après cet extrait. Et le pronom personnel « leur » renvoie le lecteur aux arbres qui sont cités dans la phrase précédente.

Dans le syntagme suivant :

« la gouttière hoquetait encore... »
K T T K

« Duo » (Guilde du Livre 1955,p.129)

l'auteur parle d'un objet (la gouttière) pour évoquer un autre référent (l'eau de la pluie, désignée plusieurs phrases plus haut) : c'est une métonymie d'inclusion. Le verbe « hoqueter » est métaphorique : il transpose à l'inanimé ce qui est attribué au vivant, en particulier à l'être humain. Cette métaphore offre au stylisticien une allitération, laquelle prend, pour nous, avec son T final de liaison et l'écho de la première consonne de l'adverbe « encore », la forme de l'oscillation. En réalité, l'objet et le bruit sont bien plus étroitement reliés entre eux par les deux groupes d'une série, dont le premier fait du mot « gouttière » à la fois le thème fonctionnel et le schème du membre de phrase. Le véritable objet (mot thème) n'est pas présenté ici : il s'agit de l'eau de pluie, dont le débit irrégulier dans le tuyau est à la fois imité par l'allitération et suggéré comme les spasmes respiratoires d'un être vivant :

(l'eau de pluie, dans) « la gouttière, hoquetait encore...
GTR KTT KR

Le reste de la phrase continue à la fois de solliciter l'imagination et de faire entendre une structure euphonique :

« ...mais le tambour roulant sur les tuiles s'était tu ».

Il serait, à notre avis, maladroit de suggérer que la fin de la phrase, que ponctuent les consonnes TLSTT, est une allitération du crépitement de la pluie sur le toit, puisqu'il s'agit justement de l'arrêt de ce bruit. C'est le mot tambour qui est le thème fonctionnel de cette phrase, mais il n'en contient pas le schème complet : son B est extérieur à la série et ne serait que l'écho du premier mot (conjonction « mais »).

```
Mais le tambour roulant sur les tuiles s'était tu
(m)- L  T (b) R R  L     S R L   T  L    S  T    T
              an-ou - ou-an                      (-B)
                         u - è  - i  =  é - è - u
```

Nous avons ainsi l'impression que les structures euphoniques sont, certes, capables de résumer en une formule lapidaire, et de réunir en elles, des mots qu'unit une conformité sémantique ou qui se heurtent, sémantiquement, justement au sein de ce moule formel qui les unit.

La poésie d'un texte transcende encore plus ces formules et les prépare par des approches thématiques (et archithématiques) qui plongent leurs racines dans l'expérience référentielle, sensible, sensuelle, sentimentale et culturelle de l'auteur. Elle fait donc aussi appel, chez le lecteur, à une expérience semblable et à toutes ses facultés de participer au texte, de s'y projeter.

Supposons un court texte, d'où nous extrayons la série :

« Aucun petit génie juponné de ... »
P T J N J P N D

« La maison de Claudine » (appendice II. Pl.II,1087)

L'oreille du lecteur constate l'existence de la série à quatre timbres ; mais les trois mots (« génie », « petit », « juponné ») ensemble, ne sont guère référentiels. Il s'agit d'un être vivant, sans doute, de petite taille, dont l'auteur évoque les vêtements, ou leur apparence, avec le dernier lexème. Le mot « plumes » (« juponné de plumes ») suggère enfin qu'il s'agit d'un oiseau. Mais ce mot thème lui-même est apparu bien loin de la série, tout au début de la phrase :

« Mais nul oiseau merveilleux ne se détache de la ronde... »

Ce sont les hirondelles du soir, comme on l'apprend quelques lignes plus haut encore. Cependant, le mot « ronde » évoque le jeu de petites filles :

« ...nul oiseau merveilleux[1] *ne se détache de la ronde ailée, »*

(il s'agit donc bien des hirondelles)

« aucun petit génie juponné de plumes irisées ne choit, du haut. »

Là, le lecteur marque une hésitation : pourquoi une hirondelle tomberait-elle du ciel ? En remontant plus haut dans le texte, nous remarquons par deux fois cet appel : *« Bel Gazou »*, émis par *« un petit visage humain aux longs yeux »*, et par *« une petite dame toute ronde (qui) apparaît, vêtue de blanc, sur la terrasse et appelle, la tête levée vers les hirondelles : Bel Gazou ! »*.

Bel Gazou était le surnom de la fille de Colette quand elle était petite. Pourquoi cette enfant donnerait-elle son nom, en l'appelant, à une hirondelle ?

Ce petit poème s'insère dans une série de contes où l'on voit l'écrivain appeler sa fille qui est grimpée dans le noyer du jardin. On comprend ici que l'enfant, à son tour, qui voulait monter très haut, comme les hirondelles, se donne le rôle de sa maman (elle entre dans sa -future- condition humaine) et appelle vers le ciel pour voir si une hirondelle n'en descendrait pas pour la rejoindre, comme elle-même obéit à sa mère et descend de l'arbre ... pour se faire gronder.

Le *« petit génie juponné »* est donc l'image de la petite fille, projetée sur les hirondelles (*« de plumes »*), lesquelles, comme des petites filles, dansent

---

1. Cet adjectif, repris plus loin dans le texte (cf ci-dessous) sert de lien entre les deux termes de la métaphore.

une ronde en poussant, comme elles, des cris aigus. D'ailleurs, ce nom d'enfant, Colette ne dit-elle pas elle-même qu'il *« semble celui d'un oiseau persan, un oiseau de contes merveilleux*[1], *aigretté de lophophore... »* ?[2]

La série que nous venons de voir prend donc sa source sémantique bien plus loin qu'elle-même, que la phrase dont elle fait partie, que le texte que nous avons sous les yeux, mais dans un texte qu'il fallait avoir lu précédemment, et dans les comportements référentiels que décrit ce texte. Elle n'en vient pas moins, riche de toutes ces valeurs sémantiques, conclure et synthétiser par une forme équilibrée une métaphore entre l'oiseau et la petite fille.

Telle est la conception que nous dessinons de la poésie : un jeu sémantique entre les sens et les sons, d'une part, mais d'abord une « épaisseur » des sens portés par les mots, épaisseur qu'il faut chercher en amont de ce qu'ils disent, dans les images, les sentiments, les habitudes et les allusions culturelles. Et, là dessus, les rapprochements que proposent et suggèrent les ressemblances euphoniques des mots entre eux, ressemblance qui est loin d'être continuellement de « la musique pure ».

Cette dernière analyse nous convie donc à ouvrir notre champ d'études à ce qu'on pourrait appeler l'intertextualité thématique chez Colette. Il s'agit de repérer simplement le même mot thème à travers plusieurs textes de notre auteur, ou ceux qui appartiennent au même champ sémantique, et que nous appelons « archithèmes », et de constater deux choses :

— ce mot thème est-il ou non directement concerné par une série proche (ou qui l'englobe) ?

— ces séries portent-elles sur les mêmes timbres, et peut-on supposer un rapport régulier entre thème et schème ?

Nous évoquerons rapidement l'archithème du SILENCE qu'une de nos analyses (p. 69) a déjà étudié :

« je descendais vers ce silence sylvestre »

---

1. Voir ci-dessus la seconde apparition (contextuelle) qui relie l'enfant à l'oiseau.
2. *« Bel-Gazou ! »*

« Une jolie voix de femme, aigüe et douce, vient de crier ce nom, qui semble celui d'un oiseau persan, un oiseau des contes merveilleux, aigretté de lophophore, avec un petit visage aux longs yeux...

Le jardin se tait. Les hirondelles jouent dans le ciel couleur de rose-thé, où le soleil s'éteint, au couchant, dans une flaque couleur de mûre écrasée.. Une petite dame toute ronde apparaît, vêtue de blanc, sur la terrasse, et appelle, la tête levée vers les hirondelles : « Bel-Gazou ! »

Mais nul oiseau merveilleux ne se détache de la ronde ailée, aucun petit génie juponné de plumes irisées ne choit, du haut ».

(« La maison de Claudine ». Appendices II. Pl.II,1086)

L'oreille de l'auditeur doit percevoir une sorte d'allitération en S (six occurrences), ainsi que le rappel de la syllabe SiL (Silence /sylvestre). Une autre occurrence de ce thème est assez curieuse : il s'articule, d'abord, sur ces mêmes allitérations avec les deux premiers mots seulement,

« le saisissant silence dominical des bois »
S Z S SiL S ....

« Le voyage égoïste » (Dimanche. Pl.II,1095)

Ce qui est réellement commun entre les deux phrases extraites de deux textes différents, et qui fait coïncider une partie du thème avec un schème, c'est la série vocalique (e-i-an +è), « le silence ».

« je descendais vers ce silence sylvestre »
e è an è è e i an e i è

« le saisissant silence ... »
(e è) i an i an

Ce qui, dans le second exemple -pris isolément-, n'aurait fait apparaître qu'une oscillation à deux timbres, manifeste, à côté du précédent exemple sériel, deux autres timbres qui, ensemble, pourraient bien former le schème commun, ou mode, de cet archithème.

On constate ensuite un passage très curieux, « en prose », sans série, et dont le contenu sémantique explique la raison de ce calme : c'est jour de repos, de congé, et il n'y a pas ... certaines activités que Colette décrit à la suite. Ce passage, sémantiquement négatif, introduit alors, a contrario, la description d'une activité bruyante en forêt. Et c'est ce bruit que l'auteur s'efforce d'évoquer avec le schème Ch-R-L-T. Relisons cette phrase :

« Le saisissant silence dominical des bois, d'où se sont
e sè (i an i an)e ....

retirés le bûcheron, et la charrette, la route forestière... »
(RTR) L (B)Ch R L Ch R T L R T .....
(-B)

Ainsi, le silence est allitératif avec les liquides et particulièrement les sifflantes, mais il est surtout vocalique et oscillatoire, bref, lyrique. Le bruit est consonantique, appuyé sur les chuintantes, la dentale, et la latérale sonore R. Le tout à tendance motivante.[1]

Un autre archithème qu'il nous a semblé intéressant d'étudier chez Colette est celui des PARFUMS et des ODEURS.

L'archithème est le champ sémantique associatif d'un lexème appartenant à un thème. Le fait que l'archithème soit réalisé, dans une phrase, par un lexème (le mot parfum) et dans une autre par un autre (le mot odeur) entraîne donc, nécessairement, des réalisations schémiques différentes, si les schèmes sont construits sur les mots thèmes.

Dans une première analyse (p. 34) d'un membre de phrase où apparaît le mot parfum (exactement comme un participe passé), nous avons évoqué déjà quelques échos syllabiques répartis sur ces mots successifs. Reprenant nos recherches à partir du thème, nous découvrons facilement la constellation phonémique de ce schème :

```
"Quelle palme parfumée, quelle ramure fleurie frôle la joue"
  è  e  a  e  a  u       è  e  a u     « L'Ingénue libertine » (Pl.I,783)
K  L   P LM  P RF M    K  L   R M R  F
                                 P

          (P RF M)                    (FL  R)  FR L

          ---------->                 -------------
```

Outre la série vocalique, la série consonantique s'appuie sur le mot thème « parfumée ». Ce mot thème semble relayé, dans le second groupe, par un autre mot thème : « fleur », qui produit d'ailleurs, en imbrication, une série interne au second groupe de la série générale.

Souvent les référents (ci-dessous soulignés) forment avec le thème (« parfum »), dans la même phrase, une série consonantique riche :

---

1. « L'interprétation allitérative » de ces consonnes distinctes est, dans un second temps, toujours possible : grincements, craquements, frottements, glissements, cahots, etc... Mais l'essentiel est la structure sérielle qui se choisit ensuite, pour se manifester, ces phonèmes « allitératifs ».

De même que le mode musical (do majeur, la mineur) existe comme structure avant son utilisation dans un morceau à forte connotation sémantique et lyrique, de même les groupements de timbres identiques peuvent accompagner l'expression d'images différentes. Ainsi le schème vocalique (e-è-i-an) a déjà été utilisé (p. 67) dans la phrase :

« avec l'élan brillant du serpent qui se délivre... »

De son côté, le schème consonantique du thème « serpent » a été utilisé (p. 48) avec des mots comme « aspirant », « passereaux », « poussiéreux »...

Le concept d'étymon rend compte de ces paradigmes morphologiques consonantiques dans lesquels tout auteur peut choisir son lexique, parallèlement aux listes associatives.

« (des bois...) sortait un parfum de truffe fraîche et de feuille macérée »
SRTT PRF (d) TRF FR Ch D F j MSR
-- --- (-P) -- (+j) P
(« La maison de Claudine ». Propagande. Pl.II,993)

Le mot « parfum » semble dégager de soi des parcelles de formes (le F et le R) souvent groupées, parfois séparées, qui organisent la série (avec l'apport d'autres consonnes qui la rendent plus lourde et peu perceptible. Malgré la différence des référents, le lecteur reconnaît facilement le diphonème FR de l'exemple précédent, trois fois présent en deux groupes de la nouvelle série, mais « éclaté » dans le dernier.

Le diphonème est une forme pure ; ce n'est pas un thème susceptible d'interprétation stylistique. Le diphonème est, perceptivement et structuralement, l'échelon intermédiaire entre l'allitération et le schème, lequel comporte, au minimum, trois phonèmes de la même chaîne. Normalement consonantiques, les deux phonèmes consécutifs peuvent, phonétiquement, appartenir à deux syllabes distinctes (paR><Fum) ou à une seule ; et, dans les deux cas, être l'un implosif (R final de syllabe),l'autre explosif (F initial de syllabe)[1] ; ils peuvent être tous deux explosifs (<FRaîche) ou implosifs (g-ou-FR>).

La difficulté posée par un mot thème à deux phonèmes seulement conduit à trois solutions sérielles que nous allons étudier à présent.

Primo : Le thème diphonique peut (et c'est le cas du mot « odeur ») devenir schème grâce à l'adjonction d'une consonne d'un mot proche : consonne de liaison (les odeurs, son odeur) ou un article (l'odeur). Ainsi, le schème suivant, « une odeur », trouve comme équivalent paradigmatique le verbe « traîner » :

« Une odeur de gazon écrasé traîne sur la pelouse »
N D R D G Z KRZ TRN
------------- -----
(G) (D)
(« La maison de Claudine ». La Petite. Pl.II,978)

Secundo : L'oreille de l'auteur peut ignorer ce thème en tant que schème, comme nous l'avons déjà vu, et organiser la série à partir d'un sous-thème que l'on appelle « thème fonctionnel ». Ainsi, dans l'exemple suivant, le thème « odeur » et son diphonème D R ne se développent que dans une série brève, à condition d'y inclure la consonne F, initiale du mot suivant. La série réelle, celle qui manifeste la plénitude de l'expression sémantique

1. Dans le mot monosyllabique « truffe », le R est explosif (avec le T) et le F implosif de la même syllabe

dans son cadre thématique et schémique, est beaucoup plus dense et plus riche. Elle vient ensuite, fondée sur l'allitération, très sensible, à base du même F :

```
"... rien qu'à respirer l'odeur funèbre et forte d'une de
                            D  R(F ....)    F RT  D
ses feuilles froissées, mes yeux se ferment."
S   F   j    FR  S      M (z) j  S  F RM
```

« Claudine en ménage » (Pl.I,511)

Cette allitération apparaît en particulier en initiale des mots « froissées » et « feuilles ». Le thème fonctionnel fait reposer sur un autre mot -ici, sur « froissées »- (par une métonymie de cause à effet) l'exigence de continuité ou de rapport sémantique entre le thème et l'archithème (parfum).

Tertio : A l'inverse, mais suivant le même procédé métonymique, l'archithème (ici, des odeurs et des parfums) s'exprime par le schème d'un mot qui implicite l'action de RESPIRER exprimée ailleurs. Dans la phrase :

```
"Il perçut l'odeur d'esprit de lavande"
    P RS  ..........  SPR
          L  D  R .... R   D  L
```

« Le Blé en herbe » (Pl.II,1218)

on note une série formée de deux occurrences lexémiques du même schème (« perçut », « esprit » : S P R), et deux groupes, dont les phonèmes du mot thème (l'odeur) sont, en seconde occurrence, translexémique :

```
"...d'esprit de lavande"
   (SPR) (D) (L V  D)[1]
      R   D  L
```

Comme le sous-groupe sériel du thème (l'odeur) a comme correspondant un sous-groupe translexémique, donc qui n'engage pas un lexème sémantiquement associable au premier, notre attention se reporte sur les deux autres sous-groupes, (PRS/SPR) à la fois lexémiques et de schème identique. Ils font donc partie du même paradigme schémique : l'ensemble des lexèmes utilisant les mêmes phonèmes (consonantiques, préférentiellement).

Dans le même paradigme des mots formés sur le schème P R S, nous trouvons le verbe « respirer », lequel était déjà exprimé dans l'exemple :

« rien qu'à respirer l'odeur funèbre et forte »

1. Les parenthèses indiquent les limites des mots, le soulignement un groupe ou sous-groupe euphonique

dont la seconde ligne représente le P sous la forme de la bilabiale M :

« d'une de ses feuilles froissées, mes yeux se ferment »
(F)RS M S (F)RM

Nous avons donc pu dégager, des rapports complexes entre les sens et les sons, des structures dont nous pensons avoir montré l'efficacité analytique, en ce qui nous concerne, et créatrice en ce qui concerne l'écrivain.

Sur le plan sonore, l'allitération nous apparaît comme rarement monophonique : fréquemment, un phonème (privilégié) s'ajoute à celui que l'on remarque dans une phrase donnée, tous deux réunis formant un « noyau » appelé diphonème. Ce noyau s'adjoint fréquemment un troisième phonème (tous de même nature, consonantique ou vocalique) : ce nouvel ensemble forme la base (minimum en nombre) du schème euphonique. Le schème est la plus petite structure du groupe sériel (le diphonème à occurrences multiples successives formant l'oscillation).

Sur le plan sémantique, le schème peut se choisir contextuellement un mot (ou un syntagme) porteur de l'émotion, de l'intention expressive de l'écrivain. Quand ce mot désigne la réalité d'une expérience et sa source, souvent matérielle, on l'appelle le référent. Le mot thème peut coïncider avec le schème : il en est la source. Sinon, si la série néglige les phonèmes du thème, il est probable qu'elle se construit sur un mot en rapport métonymique, synechdochique ou métaphorique avec le thème. Ce thème substitutif est appelé thème fonctionnel (c'est généralement un sous-thème sémantique). Le thème peut être présent dans la phrase, mais en même temps exclu de la série. Le sous-thème est nécessairement schémique. En revanche, un schème (par exemple S P R) peut être à la fois la source d'une liste sémantiquement associative (perçut - esprit - aspire - respire) et peut attirer des lexèmes extérieurs au thème fonctionnel (serpent - poussière - passereaux ...)(rapports prioritairement morphologiques). L'archithème est l'ensemble des synonymes et lexèmes formant le champ sémantique d'un domaine d'inspiration préférentiel de l'écrivain.

CONCLUSIONS

Plusieurs questions peuvent se lever dans l'esprit du lecteur au moment de refermer cette brève étude. D'abord, celle du corpus : ces structures euphoniques sont-elles présentes dans toute l'oeuvre de Colette ? Ne sont-elles pas le simple résultat d'un choix de l'analyste, choix qui exclut les exemples non favorables ?

Passer en revue la totalité des mots, des syntagmes, prédicats, phrases et discours d'un auteur quelconque est évidemment un travail de titan... ou qui, du moins, exige une technologie, qui commence à se diffuser, certes, mais qu'il n'était pas dans notre projet de mobiliser. Le lecteur, au contraire, est peut-être déjà las de l'accumulation de (trop) nombreux exemples, dans la liste desquels nous avons dû faire, à contre coeur, des suppressions, afin de ne pas trop alourdir notre projet.

L'existence, patente, de ces exemples, doit être, à elle seule, la preuve que des phénomènes linguistiques, jusqu'à présent encore, sont restés inaperçus, et donc n'ont pas encore été étudiés. Ces exemples ne sont pas uniques : nous pourrions en présenter beaucoup d'autres, et les analyser de la même façon.

Ce qui a pu frapper le lecteur, c'est que, d'une manière très explicite et ferme, nous appliquons à des phrases de prose des réflexions et analyses que l'on attendrait plutôt efficaces pour l'étude des vers. C'est que nous avons la certitude que l'euphonie « creuse » plus profond dans l'étude du langage qu'une théorie partant de la versification et de la métrique. Certes, les mêmes principes sont communs aux deux études (identité et similitude, principe d'égalité, de symétrie ou d'équivalence) ; mais la poétique s'occupe des nombres, des durées, des accents, des syllabes, alors que l'euphonie prend comme base d'analyse l'« euphonème » (unité de seconde articulation considérée dans une structure purement formelle). La poétique comprend, outre la stylistique, la métrique et la versification. La métrique analyse des modèles de vers (le langage entre dans des moules culturels prédécrits) et la versification analyse des exemples de vers : l'organisation spécifique des phrases en syllabes, en symétries d'accents ou de pieds. Un long débat oppose même ceux qui pensent que le mètre conditionne les mesures, les retours de sonorités et les effets stylistiques (Clive Scott)[1], et ceux qui plaident l'indépendance des moyens d'expression par rapport aux cadres métriques : rimes riches, enjambements, etc.(B. de Cornulier)[2].

La poïétique est l'étude de l'organisation des thèmes et des schèmes dans la création littéraire. La poïétique est donc une étude linguistique du fonctionnement interactif des formes et des sens, fonctionnement qui précède l'insertion dans les moules culturels que manifeste l'oeuvre versifiée. Pour cette raison, nous avons choisi un corpus de prose, et dans ce corpus, des extraits fréquemment « lyriques », afin d'étudier l'organisation esthétique spontanée du langage en dehors des « béquilles » ou/et des contraintes culturelles. A nos yeux, le vers ne diffère linguistiquement de la prose (en dehors de ses données culturelles) que par une plus grande concentration des mêmes mécanismes que présente une prose lyrique, comme celle de Colette.

Paul Valéry déjà avait été frappé par « *ces groupements remarquables de termes, qui nous offrent tout à coup un heureux composé, se réalisant de soi-même dans le courant impur des choses mentales. Comme une combinaison définie se précipite d'un mélange, ainsi quelque figure intéressante se divise du désordre, ou du flottant, ou du commun de notre barbotage intérieur.* »[3]

C'est poser le problème du degré de conscience que le créateur -poète ou prosateur- possède de ces phénomènes qui semblent, selon Valéry, se proposer plus spontanément à son esprit qu'il ne les recherche ou les construit.

Si l'étude du linguiste porte sur l'analyse des unités premières de l'expression et de la communication langagière, alors un corpus écrit, et écrit en vers, n'apporte que des informations mêlées ou totalement reprises en compte par le souci de se conformer à des normes culturelles et sociales.

Le cas « Colette » nous a paru exemplaire : sémantiquement, les expériences, les sentiments, les images, formules et comparaisons qu'elle emploie, le rythme de ses phrases, la classent déjà comme un véritable poète. Du

---

1. Clive Scott : « A question of syllables ». Essays in Nineteenth - Century French Verse. Cambridge University Press, 1986
2. Benoît de Cornulier : Théorie du vers (Rimbaud, Verlaine, Mallarmé). Paris, Seuil, 1982. et : Rime « riche » et fonction de la rime « riche » chez les romantiques. in revue « Littérature » n 59, octobre 1985, p.115-125
3. Paul Valéry : « Fragments des mémoires d'un poème ». (Pl.I,1489-149O)

moins dans ces passages que nous sentons comme « lyriques » : ce n'est pas la versification qui fait le poète. Colette est, d'autre part, une créature transculturelle. Son expérience sociologique lui a fait pratiquer aussi bien la langue d'une certaine province que celle des salons et celle des cafés, des wagons de troisième classe et des milieux populaires en général. Aussi sa prose est-elle « mélangée », comme disait Valéry. Les exemples que nous y avons choisis tendent à montrer que les structures poétiques de cet auteur ne sont pas distinctes de celles qui peuvent apparaître dans la prose de communication quotidienne. H. Morier choisit ses exemples de paronomase dans des oeuvres d'auteurs publiés, mais R. Jakobson les trouve dans des bouches anonymes.

Choisir un corpus de prose pour y chercher les sources du langage lyrique, c'était risquer de ne trouver de « poétique » que l'aspect sémantique. Avec la méthode euphonique, nous pensons avoir montré qu'il n'en est rien, et que des structures sonores coexistent ou préexistent aux rythmes métriques, et même aux images poétiques.

Nos réflexions sur la prononciation de Colette chercheraient même à montrer, dans l'esprit de l'écrivain, deux niveaux de production : un niveau spontané, correspondant à la réalisation (ou l'absence de réalisation) des phonèmes tels que Colette, locutrice, les entendait et les « produisait » dans tel ou tel milieu de communication courante ; et le niveau de prise de conscience, de retenue, de choix stylistique : la diction est soutenue, l'articulation soignée souligne ce qui correspond à l'écrit, à la relecture, aux ratures...

Chemin faisant, nous avons dû abandonner le vocabulaire auquel, sans doute, le lecteur était plus habitué, de paronomase, d'allitération, d'assonance et de rimes. De nouveaux outils de langage nous sont nécessaires pour présenter de nouveaux concepts. Nous nous sommes efforcé de les définir aussitôt, de les réemployer ensuite avec les mêmes significations opératoires. De plus, un glossaire, ci-après, permet au lecteur de se reporter de l'emploi du mot à sa définition, et de celle-ci aux exemples que l'on trouve dans le texte.

La poïétique apparaît, dans un dernier chapitre, comme la jonction entre la stylistique et la linguistique. L'ensemble des sujets -ou thèmes d'inspiration préférés- de l'auteur est appelé « archithème ». Cette connaissance relève de l'histoire littéraire, dans la mesure où elle situe l'écrivain dans son époque et dans son milieu (ou ses milieux successifs). Dans un passage, un texte donné, le thème ou les thèmes dominants sont représentés par des mots thèmes, lexèmes dont le sens sert de pivot, de noyau sémantique, à tout le discours.

L'apport de l'euphonie consiste à déceler la présence, tantôt explicite, dans ces mêmes « mots-thèmes » ou dans des qualificateurs immédiats, tantôt implicite pour le texte considéré, mais se retrouvant dans des textes thématiquement semblables, de schèmes ou groupes d'au moins trois phonèmes de la même chaîne.

Esthétiquement, ces schèmes se comportent comme des noyaux sonores, des modes (ou des « gammes ») qui tendent à régler l'occurrence des mêmes phonèmes dans les mots voisins, et à regrouper les mots qui, séparément, ne présentent pas la totalité des phonèmes du schème. Le concept de série n'est que la manifestation de cette invasion progressive de tous les mots d'un membre de phrase par les groupements identiques ou semblables de phonèmes consonantiques ou vocaliques. La série est aussi le lieu structural (plus que l'oscillation, plus affective et expressive) où se concentrent les axes sémantiques et les paradigmes euphoniques. Sémantiquement, les « thèmes » se développent, dans l'esprit de l'auteur, en listes de termes synonymes et associatifs. Euphoniquement, un schème se présente comme un contenant pur, à « géométrie variable » (interversion possible de l'ordre de présentation des phonèmes, projection de certains d'entre eux au-delà des limites d'un seul lexème thématique). Chez un auteur peut se créer tout un paradigme de mots qui n'ont plus en commun les associations sémantiques, mais leurs schèmes, ou noyau phonique. L'étymon est un schème consonantique qui peut même unir des mots n'ayant pas le même thème en commun.

L'euphonie analyse donc la façon dont un auteur développe, dans le tissu syntaxique, les thèmes et les schèmes de sa double créativité : consciente et subliminale. Pour reprendre une formule célèbre de R. Jakobson, l'euphonie, en particulier, projette sur l'axe syntagmatique le maximum des ressources en réserve dans les paradigmes schémiques. Si l'on veut que cette extension de la stylistique vers les zônes subliminales soit encore de la stylistique, nous dirons qu'il ne s'agit plus seulement de stylistique statique, constitutive, mais de poïétique, c'est-à-dire de l'étude de la création littéraire à partir du dynamisme phonosémantique des matériaux linguistiques.

GLOSSAIRE

ARCHITHEME : Champ sémantique asociatif d'un lexème appartenant à un thème (p. 76, 78)

CHAINE : Ensemble distinct des voyelles ou des consonnes d'une langue donnée. (p. 34 et 36)

CHAMP ASSOCIATIF : Ensemble, non nécessairement structuré, des mots sémantiquement associés chez un auteur donné.

CHEVAUCHEMENT : Coïncidence partielle, sur quelques mêmes phonèmes, de deux figures euphoniques dont la seconde commence sur les derniers phonèmes de la précédente. (p. 44)

DIPHONEME : Succession de deux phonèmes de la même chaîne : consonne *ou* voyelle. Echelon intermédiaire entre l'allitération et le schème minimum. Le diphonème peut avoir des occurrences oscillatoires ou sérielles. Il peut appartenir à la même syllabe ou résulter de la succession de deux syllabes. (p. 79-81)

ETYMON : Schème commun à des groupes de séries différentes. S'emploie à propos des consonnes. (p. 48, 57) L'étymon coïncide fréquemment avec un thème lexémique.

EUPHONICIEN : Linguiste utilisant l'euphonie comme méthode d'analyse.

EUPHONIE : Organisation spontanée des phonèmes de chaînes distinctes en unités supérieures appelées oscillations et séries. (p. 36-37, 59)

EXPLOSIVE : Consonne initiale d'une syllabe. Placée avant la voyelle de cette syllabe. (p. 36, 79)

FONCTIONNEL (thème) ou thème substitutif : Mot dont le sens suggère ou remplace (par métonymie, synecdoque, métaphore) un thème implicite. (p.66)

GRAPHEME : Le signe graphique. Il est phonologiquement trompeur : les deux voyelles o-i se prononcent « wa ». La seconde graphie est réellement phonologique et opératoire en linguistique (p. 48).

GROUPE : L'un des deux (au minimum) ensembles des phonèmes identiques ou équivalents qui forment une série. (p. 47)

IMBRICATION : Figure euphonique contenue dans une autre, de la même chaîne. (p. 47)

IMPLICITE : (thème) non représenté par un mot du texte étudié. (p. 59)

IMPLOSIVE : Consonne finale d'une syllabe. Placée après la voyelle de cette syllabe. (p. 36, 79)

INFRALEXEMIQUE : Se dit d'une figure euphonique ou d'une fraction de celle-ci n'utilisant pas la totalité des phonèmes successifs (et de la même chaîne) d'un lexème. (p. 35)

LEXEME : mot lexical, monème ou synthème, envisagé, pour l'analyse poétique, comme somme de sèmes. (p. 25, note 2 ; p. 35)

LEXEMIQUE : Se dit de la coïncidence d'un schème et d'un lexème (P. 35) Schème utilisant tous les phonèmes successifs de la même chaîne d'un lexème.

MODE : Schème commun à plusieurs séries. S'emploie à propos des voyelles. (p. 41-42) Le mode coïncide fréquemment avec un thème lexémique.

MONEME : Unité linguistique minimale associant un signifiant et un signifié. L'unité linguistique supérieure est le synthème, ou le syntagme. (p. 23)

OCCURRENCES : Nombre d'apparitions des phonèmes. Occurrences multiples : répétitions successives du même phonème sur plus de deux occurrences. (p. 38-39)

OSCILLATION : Succession alternée de deux timbres de la même chaîne sur un ensemble d'au moins trois occurrences. (p. 38)

PARADIGME SCHEMIQUE : Ensemble de mots présentant le même schème.

POÏETIQUE : Partie de la linguistique qui étudie les lois de la créativité langagière, littéraire en particulier. (p. 11-12)

REBONDISSEMENT : Chez H. Morier : Suite lexémique de deux occurrences du même phonème, éventuellement de la même syllabe.(p. 43)
Chez M. Gauthier : Succession de deux occurrences du même phonème (lexémique ou translexémique).

REFERENT : Elément de la réalité extérieure au langage auquel se réfèrent certaines unités sémantiques de la langue. (p. 47, 74)

RELAIS : Superposition partielle de deux figures euphoniques successives. (p. 51, note)

SCHEME : Ensemble de trois phonèmes au moins de la même chaîne :
1 : sous les accents toniques d'une phrase, ou
2 : entrant en occurrences successives et en ordre indifférent dans la composition d'un groupe sériel. (p. 41, 63)

SERIE : Ensemble d'au moins deux groupes identiques ou semblables de phonèmes successifs de la même chaîne. (p. 44)

SUPERPOSITION : d'une figure euphonique vocalique et d'une figure euphonique consonantique. (p. 48, 77)

SYNTHEME : 1 - Somme de monèmes utilisée comme unité fonctionnelle unique. (p. 35, 71)
2 - Mot composé d'au moins deux monèmes.
3 - Par extension, dans notre étude, désigné comme lexème.

THEME : L'un des lexèmes (synthèmes ou syntagmes) appartenant à l'archithème. (p. 32, 64)

TIMBRE : Qualité phonologiquement spécifique du phonème. La phonétique retient de plus trois autres qualités : la durée, la hauteur, l'intensité ; mais ces qualités concernent la voix et varient de manière continue, analogique. Seul le timbre est « discret », c'est-à-dire numérique (on ne passe pas de « i » à « é », en phonologie, de manière insensible).

TRANSSYNTAGMATIQUE : Se dit d'une figure euphonique dont les phonèmes appartiennent à deux (ou parties de deux) syntagmes successifs. (p. 70)

TRANSLEXEMIQUE : Se dit d'une oscillation ou d'un groupe sériel qui emprunte ses phonèmes à deux mots -ou lexèmes- consécutifs. (p. 35, 48)

BIBLIOGRAPHIE SOMMAIRE

BACHELARD :
- « L'eau et les rêves » - Corti, 1942.
- « L'air et les songes » - Corti, 1943.
- « La terre et les rêveries de la volonté » - Corti, 1948.
- « La terre et les rêveries du repos » - Corti, 1948.
- -« La poétique de l'espace » - P.U.F. Quadrige, 1957.

BECQ DE FOUQUIERES :
Traité général de versification française. Paris, G. Charpentier 1879.

CLIVE SCOTT :
« A question of syllables ». Essays in Nineteenth-Century. French verse. Cambridge University press 1986.

COLETTE :
- Oeuvres complètes. Pléiade I, 1984. Pléiade II, 1986.
- « Duo », édition Guilde du Livre, Lausanne 1955.
- « L'Etoile Vesper », édition Guilde du Livre, Lausanne 1955.

CORNULIER (BENOIT DE) :
- « Théorie du vers (Rimbaud, Verlaine, Mallarmé) » Paris, Seuil 1982.
- « Rime riche et fonction de la rime « riche » chez les romantiques. » Revue « Littérature », Seuil 1985.

GAUTHIER :
- « Essai sur le consonantisme de Garcilaso de la Vega » Revue des Langues néo-latines, n° 152, janvier 1960.
- « Les équations du langage poétique ». Thèse d'Etat, Strasbourg 1972. Service de reproduction des thèses, Lille III, 1973.
- « Système euphonique et rythmique du vers français ». Paris, Klincksieck 1974.
- « L'architecture phonique du langage poétique » in « Paul Valéry contemporain », Actes et Colloques n° 12 Klincksieck 1974, p.377-397.
- « La théorie du langage poétique ». Bulletin des études valéryennes. Université Paul Valéry, Montpellier, n° 9, avril 1976.
- « Opposition morphosémantique de deux rimes chez Paul Valéry. » B.E.V. Université Paul Valéry, Montpellier, n° 11, octobre 1976
- « Structures harmoniques et mouvements mélodiques dans la poésie d'Arthur Rimbaud », in « Rimbaud vivant », Bulletin des Amis de Rimbaud, n° 9, 1976.
- « Autour d'un vers qui n'était pas de Valéry ». B.E.V Université P. Valéry, Montpellier. N° 17, mai 1978.
- « Du calembour à Paul Valéry - Linguistique et stylistique » B.E.V Université P. Valéry, Montpellier. N° 23, mars 1980.

- « Linguistique et Poétique : Roman Jakobson a-t-il « interprété Paul Valéry ? ». B.E.V. Université Paul Valéry, Montpellier, n° 31, octobre 1982
- « Valéry à la recherche de la structure des vers ». B.E.V. université Paul Valéry. Montpellier, n° 32, avril 1983
- « Rêveries maritimes et musique des vers ». in « Littérature » (Larousse) n° 59, octobre 1985, pp 92 à 114.
- « Gammes et transitions dans les Fragments du Narcisse » in « Paul Valéry,5 - Musique et architecture ». Revue des Lettres modernes. Minard 1987, pp 135-167.
- A paraître : « Etymons et structures sonores dans l'inspiration méditerranéenne des poèmes de Paul Valéry ».(Minard, Revue des Lettres Modernes), in Actes du Colloque du Millénaire de Montpellier (1985) sur le thème : « Valéry et les cultures méditerranéennes ».
- En préparation « Poétique et Poïétique chez Paul Valéry »

GRAMMONT :

« Le vers français, ses moyens d'expression, son harmonie ». Paris, Delagrave, 1937.

GUIRAUD :

« Fonctions secondaires du langage ». In « Le langage », sous la direction de André Martinet. Pléiade 1968.

JAKOBSON :

- « Essais de Linguistique générale ». Ed. de Minuit, 1963.
- « Structures subliminales en poésie ». Poétique 7, Seuil 1971.

MALLARME :

Oeuvres complètes. Pléiade I, 1945.

MARTINET :

- « La prononciation du français contemporain 1945 ». Genève, Droz, 1954.
- « Syntaxe générale ». Armand Colin, Coll. « U », 1985.

MORIER :

- Dictionnaire de Poétique et de Rhétorique. PUF, 1981.
- Le rythme du vers libre symboliste étudié chez E. Verhaeren, H. de Regnier et Fr. Viélé-Griffin, et ses relations avec le sens. Droz, Genève, Presses académiques, 1943-1944.

VALERY :

Oeuvres complètes. Pléiade I, 1957, et II, 1960.

Achevé d'imprimer à PARAGRAPHIC - Toulouse
Dépôt légal : septembre 1989